Joseph von Eichendorff
Das Marmorbild

Von Andreas Mudrak

Philipp Reclam jun. Stuttgart

Dieser Lektüreschlüssel bezieht sich auf folgende Textausgabe:
Joseph von Eichendorff: *Das Marmorbild*. Stuttgart: Reclam,
2008. (Universal-Bibliothek. 18539.)

RECLAMS UNIVERSAL-BIBLIOTHEK Nr. 15398
Alle Rechte vorbehalten
© 2008 Philipp Reclam jun. GmbH & Co., Stuttgart
Gesamtherstellung: Reclam, Ditzingen
Printed in Germany 2008
RECLAM, UNIVERSAL-BIBLIOTHEK und
RECLAMS UNIVERSAL-BIBLIOTHEK sind eingetragene
Marken der Philipp Reclam jun. GmbH & Co., Stuttgart
ISBN 978-3-15-015398-7

www.reclam.de

Inhalt

1. Erstinformation zum Werk

Joseph von Eichendorffs Novelle *Das Marmorbild*, 1817 vollendet und erstmals veröffentlicht 1818, ist ein Werk der literarischen Phantastik aus der deutschen Romantik. Vordergründig ist sie eine Schauergeschichte, zu der sich Eichendorff von der Spukanekdote *Die seltzahme Lucenser-Gespenst* aus einem populären Sammelwerk der Barockzeit, den *Denkwürdigkeiten der Welt* (1687) von Eberhard Werner Happel, anregen ließ.

> *Spukgeschichte als Anregung*

Die bilderreiche Erzählweise der Novelle mit gleichermaßen stimmungsvollen wie unheimlichen Schilderungen vermag gerade auch uns moderne Leser zu faszinieren. In diesem in Licht und Schatten getauchten Nachtstück versucht eine im Frühling sich belebende Venusstatue, den jungen Helden Florio zu verführen, nachdem er sich zuvor auf einem fröhlichen Fest in ein Mädchen verliebt hat. Florio gerät in das paradiesisch anmutende Reich der Liebesgöttin, das in der Nacht in alter Schönheit erblüht, am Tage jedoch nur Wildnis und Ruinen birgt.

> *Eine Marmorstatue wird lebendig*

Im *Marmorbild* verschwimmen für Florio nach und nach Realität und Traum. Symbolhaft wird dabei die Nachtseite der Psyche des jungen Protagonisten aufgezeigt, der seiner Begierde zu verfallen droht und erst durch die Hilfe eines christlichen Beschützers errettet wird, als es fast schon zu spät ist.

Über seine Veranlassung, diese »Novelle oder Mährchen« zu schreiben, gibt ein Brief des jungen Eichendorff an seinen

Verleger Friedrich de la Motte Fouqué vom 2. Dezember 1817 Auskunft: »Da mir nunmehr die Gegenwart in tausend verdrießlichen und eigentlich für alle Welt unersprießlichen Geschäften in eine fast lächerliche Nähe gerückt ist, [...] so habe ich in vorliegendem Mährchen versucht, mich in die Vergangenheit und in einen fremden Himmelsstrich zu flüchten, und betrachte dasselbe als einen Spaziergang in amtsfreien Stunden ins Freie hinaus.«[1] Doch wäre es verfehlt, das *Marmorbild* allein als Wirklichkeitsflucht des zu dieser Zeit als Rechtsreferendar beschäftigten Dichters anzusehen. Eichendorff stellt keineswegs eine freudvolle Fluchtwelt dar, sondern setzt den Protagonisten, der unbekümmert in die Welt hinauszieht, der gefährlichen Verführung aus, die fast bis zur Selbstzerstörung führt.

Die Novelle, die vollständig in Italien spielt, weist zudem auf eine wichtige romantische Umdeutung der Dichtkunst in Auseinandersetzung mit den Vorstellungen des deutschen Klassizismus hin. Eichendorff kontrastiert die griechisch-römische Antike (für ihn das Heidentum) mit christlichen Elementen. Die antiken Götter deutet Eichendorff nicht mehr wie die Klassiker Johann Joachim Winckelmann, Johann Wolfgang Goethe und Friedrich Schiller als vollkommene Mächte zeitloser Idealität. So sieht er auch nicht mehr wie die Klassiker das Land Italien, die greifbare Heimat der antiken Kunst, als Ursprungsland aller Naturpoesie, sondern als künstlich-heidnisches Anti-Paradies, das dunkle Mächte im Menschen hervorlockt. In Eichendorffs Novelle wird das Klassische »das Nächtige«, und im Gegensatz dazu »das Christentum das hell Aufgeklärte, das das Dunkle bezwingt.«[2]

Antike gegen Christentum

2. Inhalt

Der junge Adlige Florio befindet sich auf einer Reise in Italien. Unterwegs auf dem Weg nach Lucca gesellt sich ein bunt gekleideter Fremder zu ihm, dem er seine Vorliebe für die Sangeskunst anvertraut. Bevor der junge Poet die rätselhafte Warnung seines Gegenübers vor einem die Jugend verlockenden »wunderbaren Spielmann« (4)

> *Die geheimnisvolle Warnung*

verstehen kann, sind sie bereits an einem Festplatz vor der Stadt angelangt, auf dem gerade fröhliches Treiben herrscht. Florio mischt sich unter die Festgesellschaft und erblickt dort die liebliche Gestalt eines Mädchens, das vergnügt mit anderen Frauen Federball spielt.

Sein Reisebegleiter gibt sich als der berühmte Sänger Fortunato zu erkennen, der ihn zu einer lustigen Tischrunde führt. Unwillkürlich setzt sich der junge Held neben die »niedliche Ballspielerin« (6), gibt beschwingt einen Trinkspruch zum Besten und küsst sein Liebchen »schnell auf die roten heißen Lip-

> *Der Kuss*

pen« (7). Fortunato indes unterhält sich zwar ausgelassen, hat aber keine Geliebte an seiner Seite. Eher in ernster Gemütsverfassung, bringt er ein langes Lied zum Vortrag, in dem er das Reich der Venus, der Göttin der Liebe und des Frühlings, frohgemut besingt. Jäh schlagen Ton und Weise um, und plötzlich ist von einem stillen Fackelträger, einem Todesgott, die Rede. Nach der Darbietung tritt unversehens als ungebetener Gast ein dämonisch anmutender Ritter namens Donati in die Gesellschaft.

Florio reitet gemeinsam mit Fortunato und Donati zum Stadttor, wo das Pferd des Ritters abrupt scheut, weshalb der Ritter, einen Fluch unterdrückend, seine Rückkehr zu seinem Landhaus ankündigt. Fortunato ist erleichtert über das Verschwinden Donatis, den er für eine teuflische Nachtgestalt hält (13).

Im Zimmer seiner Herberge angekommen, kann Florio lange nicht einschlafen, weil bei ihm die Eindrücke des Tages noch nachwirken. Im Traum sieht er sich

Der Sirenentraum

verlockenden Sirenen ausgesetzt. Erschrocken erwacht, öffnet er das Fenster und blickt fasziniert auf die vom Mond beschienene Landschaft. Ihn treibt mit einem Male die »Versuchung« (14), dort draußen zu singen, er ergreift die Gitarre Fortunatos und verlässt seine Unterkunft. Inmitten der Weinberge wandelnd, stimmt er allein ein fröhliches Lied über die Liebe zu einem unbekannten Mädchen an. Gedankenverloren umherschweifend steht er unversehens am Ufer eines Teiches und sieht dort ein vom Mondlicht beglänztes »marmornes Venusbild« (15), das in ihm die Sehnsucht »seiner frühesten Jugend« (16) nach einer Geliebten erweckt.

Die Statue der Liebesgöttin

Die Statue scheint für Florio lebendig zu werden. Geradezu geblendet von »Wehmut und Entzücken« (16) zugleich muss er die Augen verschließen. Wieder aufblickend, starrt ihn plötzlich die leblose Venusfigur »mit den steinernen Augenhöhlen« (16) grausig an. Entsetzt flieht der Jüngling den Ort und kehrt verstört in die Herberge zurück.

[Zweiter Abschnitt, S. 17–24]

Übernächtigt muss sich Florio am nächsten Morgen von Fortunato, der wohl von dem nächtlichen Ausflug durch Florios Diener erfahren hat, den Spott über sentimentale Liebeleien erdulden. Der Sänger erkennt sogleich, dass der empfindsame Jüng-

Fortunatos Spott

ling »recht ordentlich verliebt« (18) ist. Bevor er davonreitet, gibt er Florio den Ratschlag, vom »Unglücklichsein«, von »Melancholie«, »Mondschein« und sonstigem »Plunder« (18) Abstand zu nehmen.

Florio zeigt sich allerdings wenig beeindruckt von Fortunatos Reden. Ihn drängt das unwiderstehliche Verlangen, die marmorne Göttin wiederzusehen. Vergeblich versucht er am helllichten Tag, den Pfad zum Weiher wiederzufinden. Tagsüber scheint alles so verwandelt zu sein, wenn die Menschen geschäftig und fröhlich durch die Weinberge ziehen.

Nach einiger Zeit des Umherirrens gelangt Florio »unerwartet an ein Tor von Eisengittern« (19). Er durchschreitet es und gerät in einen prachtvollen, scheinbar von der Menschenwelt abgetrennten Para-

Im Lustgarten

diesgarten, in dem überall »tiefe Stille« (20) herrscht. Florio vernimmt Lautenklänge und bleibt lauschend stehen, als ihm »eine hohe schlanke Dame von wundersamer Schönheit« (20) entgegentritt, eine Lautenspielerin mit langen blonden, lockigen Haaren. In ihr erkennt der Jüngling aufgeregt das Venusbild am Weiher wieder. Ohne Florio überhaupt zu bemerken, singt die Gestalt ein Lied über den Frühling, bevor sie in der Nähe eines Palastes verschwindet. Ähnlich wie in der ersten Nacht weicht auch diesmal das Entzücken schaurigem Entsetzen: Florio trifft auf den schlafenden Ritter Donati, der auf zertrümmerten Marmorsteinen wie ein Toter daliegt. Wachgerüttelt zeigt sich Donati, der Florio mit seinem »stier[en] und wild[en]« (22) Blick Angst einflößt, überrascht, wie der Jüngling in den Garten vorstoßen konnte. Florio erfährt von Donati den Zusammenhang zwischen dem Ritter und der Venus: Seine Herrin sei seine »reiche und gewaltige« »Verwandte« (24), die allenthalben auftauchen könne. Donati stellt Florio in Aussicht, ihn der »Dame« vorzustellen. Bei Sonnenuntergang reitet Florio nach Lucca zurück, wo er in einer Gasse ein Gespräch bei offenem Fenster mit anhört. Verwundert vernimmt er mehrmals seinen Namen und glaubt ihn von der »Stimme der wunderbaren Sängerin« (24) ausgesprochen.

[Dritter Abschnitt, S. 24–34]

Am nächsten Morgen erscheint ohne Vorankündigung der Ritter Donati, um Florio zur Jagd einzuladen. Eingedenk des kirchlichen Jagdverbots am heiligen Sonntag widersteht Florio dieser Einladung.

Unerwartet stattet auch Fortunato Florio einen kurzen Besuch ab und überbringt ihm ebenfalls eine Einladung, nämlich die zu einem Maskenfest auf einem Landhaus vor der Stadt. Abends auf dem Tanzball überreicht ihm ein maskiertes »zierliches Mädchen« in »griechischem Gewande« (26) eine Rose und verschwindet wieder in der feiernden Menge. Die Tanzmusik erweckt bei ihm die Lust, weiter Ausschau nach der »niedliche[n] Griechin« (27) zu halten, die er bald mit anderen Maskierten im Gespräch findet. Gemeinsam tanzend

Der Maskenball

kommt es beinahe zu einem Kuss, als Florio eigenartigerweise »seine schöne Tänzerin am anderen Ende des Saales noch einmal wiederzusehen« (28) glaubt. Florio hat nur noch Augen für diese andere Tänzerin, das »Doppelbild« (28). Als Florio sich mit der Festgesellschaft ins Freie begibt,

Zwei Frauen verwirren Florio

vernimmt er einen lieblichen Gesang, dem er nachfolgt. Dort gelangt er zu einem in Mondlicht getauchten runden Platz, wo die »Griechin« wie eine Wassernymphe auf einem Steinbecken posiert. Aufgeschreckt vom Rascheln der Zweige, entflieht »das schöne Bildchen« (29).

Nachdem er vom neugierigen Hausherrn Pietro über sein Leben und seine zukünftigen Pläne befragt worden ist, kommt es zu einem erneuten Zusammentreffen mit der Griechin. Sie gibt sich im Mondlicht als die schöne Venus zu erkennen und lädt Florio auf ihr Schloss ein. Zu Florios Schrecken enthüllt der zum Abschied zurückgeworfene Schleier ein bleiches und regungsloses Gesicht, »fast wie damals das Marmorbild am Weiher« (31).

Fortunato weckt den träumend Gebannten mit seinem Rufen und führt Florio einer kleinen Gesellschaft zu, unter der er auch die schöne Sitznachbarin vom ersten Abend wiedertrifft, die ihm als Bianka, Pietros Nichte, vorgestellt wird. Auf ihre Anspielung hin, er habe sie öfters an diesem Abend gesehen, ist Florio vollends verwirrt. Bianka, die sich in Florio verliebt hat, ist von der düsteren Ahnung erfüllt, dass Florio teuflischer Verführung anheimfällt. Der noch

Biankas Ahnungen

nicht für die echte Liebe zu Bianka bereite Jüngling jedoch wendet sich von ihr ab und reitet nach Lucca. Bianka indes zerpflückt, enttäuscht von Florio, einen Brautkranz aus Blumen.

[Vierter Abschnitt, S. 35–43]

Einige Tage später weilt Florio in Donatis Landhaus. Ferne Waldhornklänge bereiten das Vorbeiziehen einer Jagdgesellschaft vor, die von der schönen Herrin Donatis angeführt wird. Auf ihre Erlaubnis hin darf Florio in Begleitung des Ritters zum Schloss der Dame reiten, das »fast wie ein heidnischer Tempel« (36) aussieht. Auf den Stufen des Palastes werden beide von der Herrin willkommen geheißen. Verführerisch in ein himmelblaues Gewand gehüllt, wird die auf einem Bett liegende, sich in einem Spiegel betrachtende Schönheit von ihren Dienerinnen mit Rosen geschmückt und mit Gesang umgeben.

Der Venuspalast

Bei Mondschein führt sie den Jüngling ins Innere des Schlosses, lässt sich auf einem Kissen nieder und enthüllt nach und nach ihren Körper. Florio, am Ziel seiner erotischen Wünsche, verschlingt die schöne Frau mit seinen Augen. In diesem Moment ertönt »ein altes frommes Lied« (38) von Fortunato, was Florios Versuchung unterbricht. Er hat nun Zeit, die marmornen Bildsäulen in dem Gemach der Venus zu betrachten. In den lebensgroßen Historienbildern vermeint er überall die Gebieterin des Palastes zu erkennen. Unwillkürlich erinnert Florio sich daran, in seiner Kindheit ähnliche Bilder einer »wunderschöne[n] Dame in derselben Kleidung, einen Ritter zu ihren Füßen« (38 f.) in einem künstlichen Paradiesgarten gesehen zu haben. Ebenso tauchen alte Geschichten von seinem Vater vor seinem Geiste auf. Besänftigend versucht die Dame, die freudvollen Kindheitserinnerungen des Jünglings abzuwehren und ihren Zauber auf ihn zu verstärken; es sei

Die Versuchung

ihr Bild, das in »allen Jugendträumen« (39) dämmere und heraufblühe.

Unter dem Eindruck des klaren Gesanges Fortunatos, der seine echten »alten Jugendträume« (40) weiter hervorruft, wird sich Florio schlagartig der Verführungskräfte der Venus bewusst, was ihn dazu bewegt, Halt in einem gebetartigen Anruf Gottes zu erwirken. Urplötzlich bricht daraufhin ein Gewitter herein, alles verfällt und eine Schlange zischt glühend in den Abgrund. Die Wandbilder scheinen ihn angreifen zu wollen, weshalb Florio seinen Degen zieht. Ein auflodernder Blitz erhellt das starre Schreckensgesicht der Venus, die sich in grausiger Weise in eine Marmorstatue zurückverwandelt.

Rückverwandlung in eine Statue

Florio flüchtet in den Garten, wo er sogar den Sänger Fortunato, der aufrecht in einem Kahn steht und auf seiner Gitarre ein Lied begleitet, für eine Geistererscheinung hält.

Mittlerweile graut der Morgen, Florio begibt sich zum Landhaus von Donati, den er zur Rede stellen möchte. Statt dessen Villa findet er eine von Weinreben eingewachsene Hütte. Donati bleibt verschwunden; den Einzigen, den Florio trifft, ist ein Gärtner, der die vergangene Nacht als bösen Traum besingt. Florio ist es unbegreiflich, wo er so lange gewesen ist, und versinkt für den ganzen Tag und die folgende Nacht in seinem Zimmer in »hinstarrendes Nachsinnen« (42).

[Fünfter Abschnitt, S. 43–49]

In der Morgendämmerung bricht Florio auf mit der Absicht, die Gegend zu verlassen. Unterwegs stoßen drei weitere Reiter dazu, bei denen es sich um Fortunato, Pietro und einen schweigsamen Knaben handelt. Unverhofft gelangen sie zu einer Schlossruine, in der Pietro als Kind herumgeklettert war. Aufgrund eines in der Nähe befindlichen Weihers erkennt Florio die Gegend als diejenige, wo der Lustgarten der Venus gelegen hatte. So als wolle er Florios innerliches Erschaudern besänftigen, stimmt Fortunato »mit seiner klaren fröhlichen Stimme« (44) den Abgesang der Venus an und kündet von seelischer Befreiung vom bösen Zauber. Im Anschluss daran berichtet der Sänger noch von der Legende, die sich um die Schlossruine rankt: Der »Geist der schönen Heidengöttin« steige im Frühling herauf und verführe »durch teuflisches Blendwerk« »sorglose Gemüter« (46). Als Florio nun erfährt, dass Fortunato jenes fromme Lied gesungen hat, das er im Palast der Venus vernommen hatte, stimmt er voll Heiterkeit ein kurzes Lied an, in dem er seine Befreiung und Gottes Beistand bejubelt.

> *Der teuflische Spuk ist beendet*

Der vermeintliche Knabe in der kleinen Reisegesellschaft entpuppt sich als Bianka. Für sie hatte Pietro die Knabentracht gewählt, um sie unbehelligt in eine andere Gegend zu bringen, weil sie nach Florios Abkehr enttäuscht in »tiefe Schwermut« (48) gefallen war. Jetzt endlich erkennt Florio, »wie schön sie war!« (48). Überschwänglich schwört er ihr, sie niemals wieder zu verlassen. Glücklich ziehen sie ihrem gemeinsamen Leben entgegen.

> *Bianka als Junge verkleidet*

3. Personen

Florio, die Hauptfigur der Novelle, ist ein junger Mann
adliger Herkunft. Der heimatlichen Enge
entflohen, reist er durch Italien, um das Leben kennen zu lernen. Gleich zu Beginn der
Erzählung lässt Eichendorff Florio (etwa
»der Blühende« bedeutend, vom lateinischen Verb *florere*)
am gesellschaftlichen Leben teilnehmen. Der sensible Jüngling wird vom Sänger Fortunato in die Abendgesellschaft
eingeführt, deren Mitglieder sich an Florios »junge[r]
blühende[r] Gestalt« (6) erfreuen. In der Tat blüht er regelrecht auf, verliert seine innere Beklemmung und traut sich
nach dem Genuss eines Glases Wein zu, ein junges schönes
Mädchen zu küssen.

Aufbruch eines Unerfahrenen

Eichendorff betont das unreif wirkende Verhalten seines
Helden, indem er ihn »still wie ein träu-
mendes Mädchen« (12) zwischen Fortunato und Donati postiert. Trotz der Warnung
seines Mentors vor dem diabolischen Ritter befreundet sich der Jüngling mit ihm,
weil dieser »viel über mancherlei Begebenheiten aus Florios früheren Tagen« (11) kennt. Überhaupt wirken die
Eindrücke des Tages stark auf den jungen Mann, weshalb
ihn nachts Träume bedrängen.

Florio zwischen Fortunato und Donati

Die Begegnung mit dem liebreizenden Mädchen erweckt
in ihm eine Leidenschaft, die ihn bis ins Tiefste bewegt. So
sieht er in einem Albtraum Sirenen aus dem Wasser auftauchen, »die alle aussahen wie das schöne Mädchen mit
dem Blumenkranze vom vorigen Abend« (14). Ein »viel
schöneres, größeres und herrliches« Bild vollkommener

Schönheit (15) bemächtigt sich seiner, weshalb er den Gefahrentraum verdrängt. Der Versuchung nachgebend verlässt Florio die Herberge in der klaren Mondnacht und stimmt ein Liebeslied an, ohne zu wissen, welchem Mädchen es gilt. Gleichwohl spürt er, dass es nicht mehr die »reizende Kleine« (15) ist, sondern er ein viel schöneres weibliches Idealbild begehrt. So eingestimmt trifft er auf die Statue der Venus, deren Anblick in ihm seine Wunschvorstellung von einer Geliebten wiedererweckt, die ihn fortan betört. Fortunatos Warnungen vor krankhafter Schwermut und Liebelei kränken den Sensiblen und ein »unbestimmtes Verlangen« (18) drängt sich seiner Seele auf. So nimmt es nicht wunder, dass Florio »den rechten Weg verfehlt« (19) und im Paradiesgarten diesmal der lebendigen Venus in Gestalt einer Lautenspielerin begegnet.

Erneute Warnung

Florios seelische Verwirrung erreicht den Höhepunkt, als auf dem Maskenfest in Pietros Landhaus Doppelgängerinnen in Erscheinung treten: Er weiß nicht zu unterscheiden, ob die als Griechin verkleidete und maskierte Schöne Pietros Nichte Bianka oder die verführerische schöne Dame ist.

Die entscheidende Verführungsszene erlebt Florio im Zaubergarten der Venus, in den ihn Donati führt. Im Marmorpalast gibt er sich ihrem erotischen Anblick hin und fühlt sich schließlich so intensiv bedroht, dass er sich Hilfe vom Himmel erbitten muss: »Herr Gott, lass mich nicht verloren gehen in der Welt!« (40). Doch statt erlöst zu werden, spürt Florio »unendliche Wehmut« (42) und den Wunsch, zu sterben.

Bitte zu Gott

Erst ein zweitägiger Erholungsschlaf vermag ihm zur Vernunft zu verhelfen und ihn an Abreise denken zu lassen.

Die Erscheinung der »schönen Heidengöttin« wird von
Fortunato als »teufelisches Blendwerk« (46) entlarvt, was
Florio zur Rückgewinnung seiner fröhlichen
Lebenseinstellung verhilft. Der so befreite *Der Geläuterte*
und geläuterte Held ist nun endlich gereift
und wendet sich seiner zukünftigen Frau Bianka zu.

Der Name des Sängers **Fortunato** ist Programm: Im Italienischen bedeutet das Adjektiv *fortunato* »glückbringend«. Und als freundschaftlicher Begleiter wird er Florio
am Ende zu dessen Lebensglück verhelfen – der echten,
reinen Liebe. Schon beim ersten Zusammentreffen fasziniert Florio Fortunatos »frisches keckes Wesen« und seine »fröhliche Stimme« (3). Seine Kleidung entspricht
wohl derjenigen, die Eichendorff sich als
das Gewand eines mittelalterlichen Sängers *Der christliche*
vorgestellt hat. Als meisterhafter Dichter *Sänger*
repräsentiert Fortunato den christlich-rati-
onalen Gegenpol zu dem unreifen, stets leicht zu ver-
zückenden Jüngling Florio.
Obgleich Fortunato in der Adelswelt von Lucca eine aner-
kannte Stellung einnimmt, bei den Festlichkeiten »ausgelassen lustig« ist und sich »wildwechselnd in Witz, Ernst und
Scherz« (7) gehen lässt, scheint er doch kaum richtig dazuge-
hörig. Seine Zeit ist offensichtlich die der Stille, und ihn um-
gibt eher eine Aura des »Geheimnisvollen« (28). Nicht erst
beim Maskenball im Hause Pietros, auf dem er sich mehrmals theatralisch verkleidet und ein gespenstisches Spiel
veranstaltet, legt der doch eigentlich fromme Sänger einen
merkwürdigen Stimmungsumschwung an den Tag. Dieser
abrupte Tonlagenwechsel kennzeichnet bereits das erste
Lied über die Liebe und den Tod, das Fortunato vor der

Festgesellschaft vorträgt. In gewisser Weise kommt dem
Sänger somit die Aufgabe zu, wie ein Zeremo-
nienmeister die Kräfte des Dunklen und der
Verführung – nach dem Lied in der Gestalt
des Donati – hervorzurufen, um dadurch erst
bei Florio dessen geheime Wünsche zu er-
regen. Dabei gebietet er aber auch immer wieder Einhalt,
indem er seinen Schützling vor den Gefahren der Verfüh-
rungskünste warnt (vgl. 4) und mit seinem frommen Lied
sogar den Zauber der Venus aufzulösen (vgl. 38 ff.) vermag. In dieser Rolle repräsentiert Fortunato
gewissermaßen die Idealgestalt eines wahren
romantischen Dichters, der in der Lage ist,
kraft seiner gleichsam theatralischen Phantasie kühn einen »seltsam wechselnd sinn-
reichen Spuk« (31) zu treiben, diesen jedoch wieder durch
stille Reflexion und Besinnung unter Kontrolle zu bringen
weiß. In seiner Eigenschaft als »redlicher Dichter« – so
Fortunatos Selbstcharakteristik – bändigt er die »wilden Er-
dengeister, die aus der Tiefe nach uns langen« (47). Seine
Botschaft zielt demnach auf das allgemein Menschliche ab:
Wie Florio sehnen sich alle Menschen nach Liebe und aben-
teuerlicher Sinnlichkeit, doch dieses leidenschaftliche Verlangen darf nicht zu groß und schadhaft werden, damit man
später »nach wilder Lust« nicht »schrecklicher Reue« (46) –
also Gewissensbissen – ausgesetzt ist. Echte Liebe verlange
nach ursprünglicher Frömmigkeit und Heimatnähe – nach
dem »Paradiesgärtlein unsrer Kindheit« (47).

Eichendorff hat den Namen des Ritters **Donati** aus einer
Gespenstergeschichte einer Anekdotensammlung aus dem
17. Jahrhundert übernommen. Darin taucht Donati als Ab-

Fortunato inszeniert ein Spiel

Wahrer romantischer Dichter

gesandter einer »teuflischen Jungfrau« auf, der den italienischen Reisenden Alessandro zu einem Spazierritt zu
einem schönen Lustgarten einlädt und in einen prächtigen
Palast führt.

Im *Marmorbild* erscheint der Ritter plötzlich, nachdem
ihn der Sänger Fortunato in seinem Lied über das Vergehen der irdischen Welt als stillen Gast und Todesboten
regelrecht angekündigt hat. Seine bleiche, dämonische Erscheinung verstört die ganze Festgesellschaft (11). Donati
gelingt es, Florio an sich zu binden, indem er vorgibt, ihn
aus früheren Tagen zu kennen und ihn höflich und beredt
behandelt. Mit dem Ritter dringt die existentielle Bedro-
hung in Florios Leben und verstärkt seine dunklen, trieb-
haften Kräfte.

Dass Donati trotz seiner Beredsamkeit und seines über-
freundlichen Verhaltens gewissermaßen das
böse, unchristliche Prinzip verkörpert, darauf weisen mehrere Indizien hin: Vor dem
Stadttor zu Lucca scheut Donatis Pferd, wor-
aufhin sich seine Gesichtszüge zu einem wilden Fluch ver-
zerren, was Florio eigentlich »zu der sonstigen feinen und
besonnenen Anständigkeit des Ritters ganz und gar nicht zu
passen schien« (13). Einem alten Volksglauben zufolge hat
nämlich der Reiter eines Pferdes, das vor einem Stadttor
scheut, Schuld auf sich geladen. Ein weiterer Hinweis auf
Donatis Nähe zum gottfernen Nachtreich der Venus ist das
Verdikt Fortunatos, dem der Ritter wie ein »Nachtschmet-
terling« und ein »Mondscheinjäger«, »aus einem phantastischen Traume entflogen« (13), anmutet.

Repräsentant des Unglaubens

Den Diener und Liebesboten der Venus
findet Florio bald im Lustgarten erstarrt in
einer Art Todesschlaf wieder. Von Florio

Dämonischer Venusritter

wachgerüttelt und quasi von dessen unstillbarem Verlangen auf den Plan gerufen, bereitet Donati ein Zusammentreffen mit seiner Herrin vor, mit der er verwandt zu sein vorgibt. Am dritten Tag taucht er, mephistophelisch in Schwarz gekleidet, in Florios Herberge auf und vermeldet, dass seine Dame sonntags niemanden empfange. Allerdings beabsichtige er, den Jüngling am heiligen Sonntag zur Jagd einzuladen – ein religiöser Tabubruch, der mit Strafe belegt wurde. Damit nicht genug, belässt es der Ritter nicht nur bei der Einladung, sondern verhöhnt unumwunden mit einem »abscheulichen Lachen« (24) den sonntäglichen Gang in die Kirche. Als Nachtphantom kann er einen unbehaglichen Schauer nicht unterdrücken, wenn Florio »in die Sonntagsstille der Felder« (25) hinausschaut, und beim Einsetzen des städtischen Glockengeläuts, das »wie ein Beten durch die klare Luft« (25) geht, hetzt er verstört davon.

Einige Tage später führt Donati Florio zum marmornen Palast der Heidengöttin; damit hat er seine Aufgabe erfüllt und verschwindet wieder spurlos im Reich der Dunkelheit.

Die beiden Frauengestalten **Bianka** und **Venus** verkörpern zwei Möglichkeiten der Schönheit, die auf den Protagonisten Florio einwirken. Während des Festes zu Beginn der Erzählung entwickelt Florio eine Neigung zu dem Mädchen, das ihm später als Bianka, Nichte des Landhausbesitzers Pietro, vorgestellt wird. Angezogen von ihrer lieblichen Gestalt und ihren anmutigen Bewegungen beim Federballspielen, gesellt sich Florio weinselig zu ihr und küsst sie. Eichendorff räumt der Beschreibung der Reaktion des Mädchens nur

Biankas Anmut

wenig Raum ein. Eher beiläufig kann man sich denken, dass »die schöne Geküsste«, die »hochrot in den Schoß« schaut (7), sich in den Jüngling sofort verliebt hat. Wichtiger als das Gemüt des Mädchens ist dem Dichter seine Funktion als Auslöser für die überschwängliche Leidenschaft seines Helden. Bianka erweckt in Florio die Triebkräfte von Lust und Liebe, die sich für ihn bald als so gefährlich erweisen werden, wenn er sich von seiner realen Geliebten abwendet, einem völlig überhöhten Idealbild von Schönheit nachhängt und deshalb in den Bannkreis der verführerischen Venus gerät.

Trotzdem behält Eichendorff Bianka auch die Rolle vor, als rivalisierende Gegensatzfigur zur Venusgestalt auf dem Maskenball ihres Onkels zu fungieren. Obgleich Eichendorff das Auftreten der beiden weiblichen Gestalten während des Maskenballs als verwirrendes »Doppelbild« (28) gestaltet, indem beide in der Verkleidung als Griechin in Erscheinung treten, hält er doch zumindest für den Leser einige wenige Unterscheidungsmerkmale bereit: Zierlichkeit und Anmut (»bewegliche Lebhaftigkeit« [27]) bleiben nach wie vor Bianka vorenthalten, wohingegen die Venus einmal als »schöne Najade«, statuarisch im Mondschein ihren »blendendweißen Nacken« (29) darbietend, und auch als Jagdgöttin Diana, auf einem Schimmel in die Nacht reitend, auftaucht.

Ein fast unmerklicher Hinweis, dass Florio zuerst die unschuldige Bianka gegenübertritt, ist die Rose als Zeichen der Liebe, die sie ihrem Auserwählten überreicht. Schüchtern verneigt sie sich »flüchtig« (26), um

> *Bianka als Konkurrentin der Venus*

> *Verwirrspiel der Leidenschaft*

> *Rose als Erkennungszeichen*

mit ihm ein neckisches Haschen zu veranstalten. An Florios lauer Reaktion auf diese verspielte Liebelei lässt sich erkennen, dass er dem Objekt seiner heimlichen Sehnsucht noch nicht näher gekommen ist. Zwar fordert er Bianka zum Tanz auf, während dem sich ihre Lippen »flüchtig beinah berührten« (28), jedoch wird seine Begierde erst wieder richtig geweckt, als er »das schöne Bild« (28) der Doppelgängerin erblickt. Venus gelingt es dann, in der Maske Biankas Florio anzulocken und ihn in ihren Palast einzuladen, bevor sie erneut zu einem Marmorbild erstarrt.

Als Bianka und Florio am Ende des Maskenfestes auf der Dachterrasse der Villa einander vorgestellt werden, erkennt sie ihre Rose wieder, die Florio an seine Brust geheftet hat. Verliebt schlägt sie »errötend die Augen nieder« (33). Florios Nachricht, er wolle Lucca verlassen, stimmt sie traurig;

Bianka ist traurig und enttäuscht

und wegen seines überhasteten Abschieds weint sie »aus Herzensgrunde« (34), da ihre Hoffnung, Florio zu heiraten, zerstört zu sein scheint. Als ihr am Ende der Novelle der gereifte Florio begegnet, reitet sie, »ganz überrascht von dem unverhofften Glück, und in freudiger Demut« (48) neben ihrem zukünftigen Ehemann her.

Die heidnische Liebesgöttin Venus stellt im Gegensatz zur reinen Jungfrau Bianka die dämonische Verführerin dar. Das Venusbild ist gewissermaßen Florios erotischer Wunschtraum, den ursprünglich Bianka ausgelöst hat. Die Marmorstatue gewinnt immer in dem Moment an Leben, wenn Florio sie träumerisch und voller Sehnsucht anblickt.

Bildersprache

Eichendorff inszeniert Florios erste Begegnung mit der Göttin in mythischer Bildersprache: »Der Mond, der eben über die

Wipfel trat, beleuchtete scharf ein marmornes Venusbild, das dort dicht am Ufer auf einem Steine stand, als wäre die Göttin soeben erst aus den Wellen aufgetaucht und betrachte nun, selber verzaubert, das Bild der eigenen Schönheit [...]« (15 f.). Antiker Vorstellung zufolge ist Aphrodite/ Venus aus dem Schaum des Meeres geboren. Darüber hinaus beschaut sich die Venus in narzisstischer Eigenliebe befangen ihr Spiegelbild – wie der schöne Jüngling Narziss, der sich in sein eigenes Spiegelbild verliebte und in ungestillter Sehnsucht daran zugrunde gegangen ist.

Narzissmus

Die antike Herrin der sinnlichen Liebe und der Schönheit verschmilzt mit der altitalischen Göttin der Gärten und Blumen, Flora. Ihr Reich ist der Frühling, weshalb sie den jugendlichen Helden Florio, der sich ja im Frühling seines Lebens befindet, in ihrem »Zauberring« (9) zu verführen vermag. Als Frühlingsgestalt Primavera, die sich ähnlich einer Fruchtbarkeitsgöttin als »schöne Mutter« (21) bezeichnet, besingt sie die ewig wiederkehrende Liebessehnsucht und beklagt den unendlichen Kreislauf von Erblühen und Vergehen. In ihrem Lied spricht die Venus ihre unvergängliche irdische Lebendigkeit an, hinter der allerdings der Tod lauert. Denn im Grunde ist das Reich »der schönen Heidengöttin« (46), wie Fortunato am Ende erläutert, begraben. Ihre Lebendigkeit war abhängig von Florios Begehrlichkeit, sein Gemüt hat den Zauberbann der Venus und ihr antikes, bereits verfallenes Naturreich wieder zum Leben erweckt. Die Erlösung vom Zauber vollzieht sich auf dem Schloss der Venusdame selbst,

Erlösung vom Zauber

als sie Florio zu verführen versucht, aber durch Fortunatos frommes Lied verstört und durch den Gegenzauber vernichtet wird. Die Göttin muss einem anderen »Frauenbild« (46) Platz machen, nämlich Maria mit dem Jesuskind (46,5 f.), repräsentiert durch Bianka, der »Reinen« (ital. *bianco* = »weiß«).

Personenkonstellation

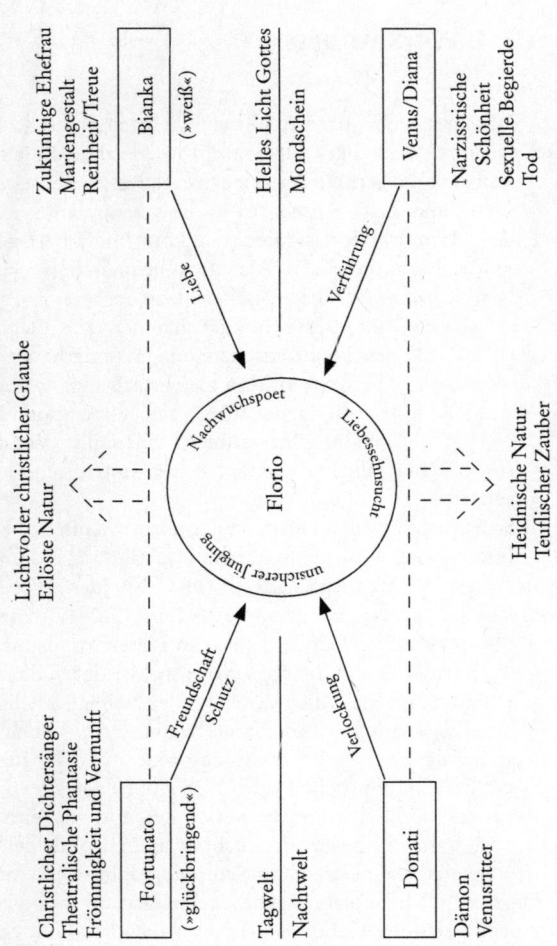

Zukünftige Ehefrau
Mariengestalt
Reinheit/Treue

Bianka (»weiß«)

Helles Licht Gottes
Mondschein

Venus/Diana

Narzisstische Schönheit
Sexuelle Begierde
Tod

Liebe

Verführung

Lichtvoller christlicher Glaube
Erlöste Natur

Nachwuchspoet

Florio

unsicherer Jüngling

Liebessehnsucht

Heidnische Natur
Teuflischer Zauber

Christlicher Dichtersänger
Theatralische Phantasie
Frömmigkeit und Vernunft

Fortunato (»glückbringend«)

Freundschaft
Schutz

Tagwelt

Nachtwelt

Donati

Verlockung

Dämon
Venusritter

4. Werkaufbau

Wegen ihrer Konzentration auf die exemplarische Entwicklung des jungen Helden Florio und ihrer Beschränkung auf die geringe Personenanzahl, wegen des seltenen Orts- und Zeitwechsels sowie ihres zentralen Symbols des Marmorbildes ist die Erzählung im Untertitel als »Novelle« ausgewiesen. Als »Novellenmärchen«[3] weitet das *Marmorbild* die epischen Gattungsgrenzen und nimmt lyrische und märchenhafte Elemente des Phantastischen und Wunderbaren auf.

> *Novelle mit dramenähnlicher Struktur*

Die Komposition gleicht dabei einer dramatischen Grundanlage mit Exposition, Entwicklung/Steigerung, Höhepunkt, Verzögerung, Wendepunkt, Zuspitzung und (untragischer) Lösung.

Schauplatz ist die Umgebung der norditalienischen Stadt Lucca in der Toskana, wo sich die erzählte Handlung in mehreren Tagen (und Nächten) abspielt.

> *Exposition*

Gleich im ersten Abschnitt (S. 3–17) entwirft Eichendorff die romantische Grundsituation des Fernwehs und des Reisens, ausgelöst durch die Einschränkungen des Alltagslebens in der Heimat. Solcherart bedeutet Florios Aufbruch den Beginn seiner Lebensreise, auf der er einen Entwicklungsprozess von der Jugend zur Reife durchmachen wird. Eichendorff gestaltet damit das romantische Thema vom verlorenen und wiederzufindenden Paradies, indem er seinen jugendlichen Helden aus dem heimatlichen Garten (eine autobiographische Reminiszenz an Eichendorffs eigene Heimatgegend Lubowitz), einem Ort stiller Geborgenheit, ausziehen lässt. Die Sehnsucht nach der »wunderschönen Ferne« ist gleichzeitig mit dem Gefühl nach »großer unermesslicher Lust« (4) verbunden, welche die Verlockungen des Frühlings, des sinnlichen und erotischen Lebens, in ihm verbreiten.

Der Jüngling begegnet im Eingangsabschnitt den Figuren, die sich gleichsam in Personenpaarungen antagonistisch gegenüberstehen: Durch den allerorten bekannten Dichter Fortunato in eine Festgesellschaft eingeführt, trifft er dort die junge Schönheit Bianka, von deren Liebreiz seine Sinne verwirrt werden. Auf dem Fest taucht nach dem Lied Fortunatos über die Liebe und den Tod der Seelenfänger der Venus, der Ritter Donati, auf und erschleicht sich Florios Vertrauen. Florio steht also zwischen der dämonischen, heidnischen Kraft und dem erlösenden, christlichen Pol: zwischen Donati und der Venus auf der einen und Fortunato und Bianka auf der anderen Seite.

Florio zwischen guten und bösen Mächten

Diese Zweideutigkeit als Strukturprinzip der Novelle wird durch die zwei Frauenbilder vermittelt: Florio fühlt sich zu Bianka nicht nur aufgrund ihrer Zierlichkeit und Anmut hingezogen; Bianka, eigentlich Verkörperung der jungfräulichen Unschuld, erweckt doch gerade erst bei Florio ein erotisches Verlangen. Aus diesem Grund zieht der Verliebte ruhelos durch die Nacht, während sein schlechtes Gewissen, allegorisiert durch seinen Diener, schläft. Bevor Florio dann am mondbeschienenen Teich von der Venusstatue bezirzt wird, schlägt Eichendorff noch im Sirenenmotiv das Symbol der sinnlichen Gefährdung des Menschen (bzw. des Mannes) an, das der Dichter in vielen seiner Gedichte verwendet hat. In geradezu psychologischer Weise baut die Erzählung dann im Fortgang der

Handlung das Thema der seelischen Gefahr für Florio weiter aus, indem sie die von Donati angebahnte Beziehung zwischen der Venus und Florios Kindheitserinnerungen fortentwickelt.

Im zweiten Abschnitt (S. 17–24), der zweiten Tag- und Nachtfolge, muss sich Florio zunächst am Morgen den Spott Fortunatos über Träumerei und »sanfte Empfindungen« (17) anhören. Eichendorff betont hier in Gestalt des gleichsam aufklärerischen Sängers den Gegenpart zu Florios entbrannter Leidenschaft. Trotzdem bleibt »das tiefe, unbestimmte Verlangen [...] von den Erscheinungen der Nacht in seiner Seele« (18) zurück, und er irrt wieder, Ausdruck der Orientierungslosigkeit in seinem Leben, umher. Die Erzählung strebt nun dem ersten Höhepunkt der Handlung zu: Rastlos getrieben – erzähltechnisch durch Zeitraffung verstärkt – gelangt der Held in den Lustgarten der Venus, die als Frühlingsgöttin erscheint.

Steigerung und erster Höhepunkt

Der dritte Abschnitt (S. 24–34), der den dritten und vierten Tag und die sich anschließende Nacht schildert, hat retardierende (verzögernde) Funktion, denn er ist der dritten und entscheidenden Begegnung zwischen Venus und Florio vorgeschaltet. Florios Wunsch nach einem baldigen Wiedersehen mit der schönen Dame bleibt zunächst unerfüllt, weil sie sonntags keine Gäste empfängt. Donatis unchristlichem Ansinnen, stattdessen an dem Feiertag zur Jagd zu gehen, kann Florio immerhin standhalten. Zwar hatte Fortunato dem Jüngling noch am Tag zuvor die befreienden Worte »Nur frisch heraus in Gottes freien Morgen« (18) zugerufen, doch Florio gelingt es nicht, in der Kirche zu beten, da er ständig an »seine unbekannte Geliebte« (25) denken muss.

Verzögerung

Auf dem Maskenfest im Landhaus von Biankas Onkel Pietro bewirkt Florios seelische Verwirrung, dass er hinter der von Fortunato ihm angekündigten »alte[n] Bekannte[n]« (25) – mit der dieser Bianka meinte – Venus argwöhnt. Als dann Bianka in griechischem Umhang zu ihm tritt, sehnt er sich nur nach seiner fremden Geliebten. Eichendorff gelingt es, mithilfe des Doppelgängerinnenmotivs für Florio die beiden Frauengestalten ineinander fließen zu lassen. In die Stadt zurückgekehrt, kommt dem vormals fröhlichen Jüngling die mondbeschienene Landschaft jetzt wie eine rätselhafte »Hieroglyphe« (34) vor; fiebrig und seelisch zerrissen ist er vollends anfällig geworden für die dämonische Verführung durch den Seelenfänger Donati und seine Herrin.

Florio verliert zunehmend Halt

Der vierte Abschnitt (S. 35–43) beginnt nach mehreren vergangenen Tagen und führt zum Gipfelpunkt der Handlung. Gewissermaßen als Gegenveranstaltung zum von Pietro/Fortunato inszenierten Maskenfest findet im Landhaus von Donati ein Fest statt, auf dem Florio sich »innerlichst vergnügt« (35) fühlt, weil er nur an die schöne Dame denkt. Von Donati begleitet gelangt Florio in den Venusgarten. In einem Marmortempel trifft er auf die Schöne, die ihre verführerischen Reize darbietet. Für Florio soll diese Begegnung die entscheidende in seiner Entwicklung zur reifen Persönlichkeit sein: Eichendorff immunisiert seinen Helden durch Frömmigkeit und kindliche Unschuld (»ein altes frommes Lied, das er in seiner Kindheit oft gehört« [38]) gegen die sündige und unerlöste Naturgöttin aus der versunkenen Welt der Antike. Fortunatos Lied aus der Ferne leitet dahingehend einen Wendepunkt ein, als es dazu führt,

Wendepunkt

dass Florio seinen Aufenthalt im Reich der Venus als Verirrung begreift und auch wieder zu beten vermag. Gerade in diesem Augenblick tritt die Entzauberung der dämonisierten Heidengöttin und ihres Reiches ein: Hinter dem Bild einer in den Abgrund stürzenden Schlange verbirgt sich möglicherweise die biblische Vision vom Teufel, der in Gestalt eines Drachens vom Engel in den Abgrund geworfen wurde (so in der Offenbarung des Johannes). Die furchtbare Verwandlung der Venus in ihre Todesstarre dient dazu, Florios Flucht aus der Stätte des Grauens spannungsvoll in Szene zu setzen.

Obwohl das Gotteslob eines Gärtners (42) von dem Ende des bösen Spuks kündet, zieht sich Florio voller Wehmut und Todessehnsucht in sein Herbergszimmer zurück, wo er wirr träumend »den ganzen Tag und die darauf folgende Nacht« (43) zur Verarbeitung des Erlebten benötigt. Hier ist mit der äußersten Gefahr von Florios Selbstverlust die Zuspitzung der Novelle erreicht.

Zuspitzung

Im fünften und letzten Abschnitt (S. 43–49) kommt Fortunato die Aufgabe zu, in einem Lied seinem Schützling von einem anderen »Frauenbild« (46) und seiner Erlösung zu künden. Endgültig errettet, seelisch befreit und erleichtert, erkennt Florio nun in Bianka die reine, klare Engelsgestalt und seine künftige Frau.

Werkaufbau

1. Abschnitt **Exposition**	2. Abschnitt **Steigerung und erster Höhepunkt**	3. Abschnitt **Verzögerung**	**[Unterbrechung]**	4. Abschnitt **Wendepunkt und Zuspitzung**	5. Abschnitt **Untragisches Ende (»Happy-End«)**
– Florios Ausbruch aus heimatlicher Enge (Reisesituation / Fernweh / verlockender Frühling)	– Fortunatos Lob des Morgens und sein Spott über Florio	– Donatis Einladung zur Jagd	»Mehrere Tage waren seitdem vergangen …« (35)	– Fest in Donatis Landhaus	– Abreise Florios
– Zusammentreffen mit dem Sänger Fortunato (erste Warnung)	– Florios unbestimmtes Verlangen (Suche und Verirren)	– Fortunatos Einladung zum Maskenball		– Rückkehr der Venus von der Jagd	– Begegnung mit Fortunato, Pietro und Bianka
– Erste Begegnung mit Bianka in der Festgesellschaft vor den Toren Luccas	– Auffinden des Lustgartens und Begegnung mit der lautenspielenden Venus	– Doppelbild der »Griechin« Bianka oder Venus?		– Florio im Venusgarten und Marmorpalast	– Zweites Lied Fortunatos
– Erstes Lied Fortunatos	– Donati in totenähnlichem Schlaf (Enthüllung als Verwandter der Venus; Einladung)	– Florios Verlust der Naturverbindung (»Hieroglyphe« [34] = seelische Zerrissenheit)		– Verführungsszene	– Fortunatos Erläuterungen: endgültige Verbannung des Spuks
– Auftauchen des Ritters Donati		– Abkehr von Bianka		– Ernüchterung durch Fortunatos »altes frommes« Lied (38)	– Florios Gotteslob
– Das Marmorbild am Weiher		– Enttäuschung Biankas		– Gewitter, Bedrohung durch belebte Statuen, Todesstarre der Venus	– Florios neue christliche Lebensperspektive
– Sirenentraum (Gefährdung Florios)				– Florios Empfindung eines »tödliche[n] Grauen[s]« (41)	
				– Gärtnerhäuschen statt Donatis Landhaus	
				– Florios Wehmut und Todessehnsucht	

5. Wort- und Sacherläuterungen

3,2 **Edelmann:** Person von Adel, von adliger Abstammung.

3,2 **Lucca:** Italienische Stadt in der Region Toskana.

3,5 **zierlicher:** häufig von Eichendorff verwendetes Adjektiv mit mehreren Bedeutungsnuancen wie z. B. vornehm, gesittet, höfisch.

4,12 **dem wunderbaren Spielmann:** gemeint ist der Minnesänger und Venusritter Tannhäuser, eine mittelalterliche Sagenfigur.

4,24 **Zelter:** bequemes Reitpferd.

4,32 **sittige:** sittsame, ehrbare, vornehme.

5,26 **Ritter:** Adelstitel, entsprechend dem italienischen *cavaliere*.

5,33 **holdselig:** freundlich gesinnt, gewogen, geneigt; niedlich.

6,1 **Ordentlich:** Ziemlich, Gehörig.

6,12 **Blöden:** Schüchternen, Zaghaften.

7,2 **blöde:** schüchterne.

8,20 **Bacchus:** römischer Gott des Weines und auch der Fruchtbarkeit; griech. Dionysos.

9,3 **Lohe:** Glut.

11,11 **reichem Geschmeide:** wertvollem Schmuck.

12,35 **fast**, hier Adverb: sehr.

13,27 **Schmachthahn:** wahrscheinlich Eichendorffs Wortkreation mit der Bedeutung von jemandem, der sentimentalen Gedanken nachhängt und übermäßig Sehnsucht verspürt; **Renommisten:** Angeber, Prahlhans; **Melancholie:** Schwermut, Traurigkeit.

14,3 **Sirenen:** in der griechischen Mythologie Dämonen,

die durch lieblichen Gesang betören und so Schaden zufügen.

14,30 **Zither:** Saiteninstrument.

15,2 **Buchensaal:** Buchenwald, -hain.

15,30 **Weiher:** Teich.

16,23 **schreckhaft,** hier: schreckenerregend.

17,15 **presshaft:** gebrechlich.

17,29 **Fortunaton:** alte Dativ- und gleichzeitig Akkusativform (vgl. 18,10).

18,19 **Plunder:** unnützes Zeug.

19,16 **Sphinxen:** Steinfiguren mit Löwenleib und Menschen- oder Widderkopf; in der griechischen Mythologie Wesen, die unlösbare Rätsel aufgeben.

19,23 **zweifelhaft,** hier: unschlüssig.

19,33 **Lustgarten:** parkähnlicher Ziergarten.

20,1 **Buchenhallen:** (siehe 15,2).

21,13 **Najaden:** Quell- und Wassernymphen.

21,14 **Klause:** Einfriedung; eigentlich Zelle eines Einsiedlers.

21,15 **buhlerisch:** unzüchtig, unsittlich.

21,33 **Bildereien:** Reliefs.

22,1 **Säulenknäufen:** Säulenkapitellen.

23,25 **Kaskaden:** künstlich angelegte stufenförmige Wasserfälle.

23,26 **Grotten:** künstlich angelegte Höhlen.

23,32 **künstlich,** hier: kunstvoll.

24,7 **Unbefriedigt:** Unzufrieden.

24,29 **Frau Base:** Kusine, auch Tante.

25,11 f. **geklemmter:** beklommener.

25,25 **Müßig:** Gemütlich.

25,27 **schöngeputzte:** schön herausgeputzte, d. h. gekleidete.

26,31 f. **in griechischem Gewande:** gekleidet mit einem Umhang, wie eine antike Statue.

26,33 **Larve:** Maske.

27,34 **Gauklerin:** Betrügerin, Schauspielerin.

27,35 **Schildereien:** Malereien, Reliefs.

29,2 **verwacht:** übernächtigt.

29,24 **Parodien:** Nachahmungen.

31,18 **halbkenntlich:** kaum zu erkennen.

34,12 f. **Hieroglyphe:** schwer entzifferbares Bildzeichen.

34,27 **Florion:** alte Deklinationsform (vgl. 17,29).

36,10 **heidnischer Tempel:** antike (im Sinne von nichtchristlicher) Götterstätte.

37,36 **Gemächer:** Zimmer.

38,22 **Bildsäulen:** Standbilder, Statuen.

38,25 **Historien:** Bilder, die geschichtliche Ereignisse zeigen.

39,12 **Karossen:** Prunkkutschen.

39,17 **Heeresfahrten:** eigentl. Kriegszüge; hier ist damit wohl die so genannte »Kavalierstour« von jungen Adligen gemeint – eine Art Bildungsreise ins europäische Ausland.

40,11 f. **Fenstergesimse:** Fensterbrett.

40,19 **scheltend:** schimpfend.

40,34 **schwerverhaltenen:** kaum unterdrückten.

41,31 **Blendwerk:** Täuschung.

42,31 **Nachsinnen:** Nachdenken.

43,15 **Oheim:** Onkel.

44,23 **Plan:** Ebene.

45,4 **Lenz:** poetischer Ausdruck für Frühling.

45,20 **Diana:** römische Göttin der Jagd (griech. Artemis).

45,21 **Neptunus:** römischer Gott des Meeres (griech. Poseidon).

46,1 **Wogen:** Wellen.

46,14 **Kluft:** Felsspalte.

47,1 **Anfechtungen,** hier: Erscheinungen, Auftauchen.

47,3 **Kavaliers,** von ital. *cavaliere*: Ritter, Adliger (vgl. 5,26).

48,5 **erquickt:** erfrischt.

48,8 **Pietron:** Akkusativform von Pietro (vgl. 17,29).

6. Interpretation

Die Jugendproblematik

Eichendorff schickt seinen jungen Helden Florio auf eine Reise, die zu einer exemplarischen Reifung seines Charakters gerät. Der unerfahrene junge Mann bricht aus der als »Gefängnis« (4) empfundenen, stillen jugendlichen Existenz auf dem Land voller Lebenslust und Liebessehnsucht auf. Dadurch ist er empfänglich für die Reize der schönen archaischen Göttin der Liebe, die Eichendorff als Venus- und Dianafigur gestaltet. So verbinden sich die Verkörperung der Schönheit und geschlechtlichen Liebe mit der Jagd- und Mondgöttin. Bezeichnenderweise kommt es zum Auferstehen der Venus als ewige Wiederkehr des Frühlings, der gleichermaßen ein Symbol für die Jugend Florios ist. Und Florio wird immer des Nachts, bei Mondschein, der Zeit der Diana, verzaubert. Der Venusdame ist im *Marmorbild* nur so lange eine

Psychische Projektion

Wiederkehr beschieden, wie sie als Florios Projektionsfigur seiner jugendlichen Liebe und Lust fungiert. Nach der Erstarrung des Marmorbildes überfällt den Jüngling jedes Mal ein Grausen, von dem er nur kurzzeitig ernüchtert wird, bevor er wieder von seinem immer stärker werdenden Verlangen, Venus erneut zu sehen, erfüllt wird.

Florio gerät schließlich bis an den Rand der seelischen Selbstzerstörung, als er nach dem Erlebnis im Venuspalast seinem Leben ein Ende setzen möchte, obwohl er doch bereits das ihn erlösende fromme Lied von Fortunato vernommen hat (vgl. 42 f.). Da Florios erotische Wünsche an die

Scheinwelt des verfallenen Venusreichs gebunden sind, obliegt es Fortunato, mit seinem Gesang Florio an die Kindheit zu erinnern. Nicht zufällig ertönt sein Lied in dem Augenblick, als die ihre Reize zur Schau stellende »schöne
Führerin« (38) bei Florio ein Höchstmaß an
Begierde erregt. Florio hört das Lied, und   *Erkenntnis der*
schlagartig wird ihm die trügerische Schein-   *Illusion*
haftigkeit der Schönheit, sein Realitätsverlust
bewusst: »Die Gewalt dieser Töne hatte seine ganze Seele in
tiefe Gedanken versenkt, er kam sich auf einmal hier so
fremde und wie aus sich selber verirrt vor« (40). Vermutlich
hat das Lied des christlichen Sängers Florio an in der Kindheit vermittelte religiöse Gebote gemahnt, die nun in ihm
ein schlechtes Gewissen hervorrufen. Nicht verwunderlich
also, wenn Eichendorff dann Florios Errettung aus »Des
Bösen Trug und Zaubermacht« (42) in biblischer Motivik
einfasst: Seinem Anruf an Gott, den Erlöser, folgt ein reini-
gendes Gewitter, während dem die Schlange der Verführung in den Abgrund stürzt.

Die endgültige Läuterung des Helden allerdings tritt
nicht sofort ein; vielmehr hat der venerische Zauber in ihm
so starke seelische Verwerfungen hinterlassen, dass er erst
neue Kräfte in einem heilsamen Schlaf sammeln muss
(vgl. 43).

Doch nicht genug, um endlich nach seinem freudvollen
Abschiedsgebet frei durchzuatmen (vgl. 47), bedarf es auch
der Unterstützung durch Fortunato, der in seinem zweiten
Lied die Mutter Gottes über die heidnische Venus trium-
phieren lässt. Darin kündet der Sänger vom Untergang des
»schönen Leib[s]«, der zu »Stein« erstarrt (45). Solcherart
wird Florio von seinen auf eine ausschließlich körperliche,
narzisstische Schönheit bezogenen erotischen Phantasien

befreit, also von seinen »böse[n] Träume[n]«, die »Von seinem Haupt geschwind« geschüttelt werden (46).

Letztlich liefern wiederum erst Fortunatos Erklärungen am Ende die bewusste Erkenntnis, dass Venus und ihre irdische Liebe nur Verblendung und Schein sind: »Aus der erschrecklichen Stille des Grabes heißt sie das Andenken an die irdische Lust jeden Frühling immer wieder in die grüne Einsamkeit ihres verfallenen Hauses heraufsteigen und durch teuflisches Blendwerk die alte Verführung üben an jungen sorglosen Gemütern, die dann vom Leben abgeschieden, und doch auch noch nicht aufgenommen in den Frieden der Toten, zwischen wilder Lust und schrecklicher Reue, an Leib und Seele verloren, umherirren, und in der entsetzlichsten Täuschung sich selber verzehren« (46). Mit diesen Worten rundet Fortunato die Warnung vor dem Schicksal des Minnesängers Tannhäuser (vgl. die Tannhäuser-Sage in Kapitel 8), die er bereits bei der ersten Begegnung mit dem Jüngling angesprochen hatte, mit einer erzieherischen Kommentierung ab: Wer einem Wunschbild des eigenen Innern, also des eigenen Begehrens, verfällt, sondert sich (wie der bedauerliche Donati/Tannhäuser) von den Menschen, dem wahren Leben ab, und im Bewusstsein, Sündiges zu tun, hat man starke Gewissensbisse, die tödlich enden können.

Erst jetzt ist Florio zur christlichen Vernunft gelangt, weil er Kontrolle über seine »heftigen Gefühlsbewegungen« (48) erlangt hat. Von teuflischer Behexung geheilt, ist er endlich in der Lage, die wahre Schönheit von Bianka zu erkennen: »Nun erstaunte er ordentlich, wie schön sie war!« (48). Dadurch nun kann er sich der Festigung seiner Persön-

Aufklärung durch Fortunato

Warnung vor Lust, die Reue nach sich zieht

lichkeit, seiner sittlichen Reife, sicher sein, seine Identität als Mann spüren und endlich das Liebesglück mit der reinen Frau ausleben, die ihm von Beginn an von Fortunato ›zugewiesen‹ worden war. Dass er am Schluss mit Bianka ins »blühende Mailand« (49) zieht, bedeutet im übertragenen Sinne das Ende von Florios Jugendzeit, denn der Marienmonat Mai – den somit die Mariengestalt Bianka einleitet – beendet den Frühling und bereitet den Sommer (= Florios Reifezeit) vor.

> *Identitätsfindung*

Die Umwandlung des Helden in einen Künstler

Florios Persönlichkeitsentwicklung vom gefährdeten jungen Mann zum gereiften christlichen Charakter spiegelt auf einer höheren Deutungsebene Eichendorffs Vorstellungen von wahrer romantischer Poesie wider. Der Ausgangspunkt von Florios Entwicklung liegt bei seinem Wunsch, die Sangeskunst zu erlernen und Poet zu werden. Denn nach der Lektüre – so offenbart er es Fortunato – der »alten großen Meister« der Dichtkunst, die schildern, »wie da alles wirklich da ist und leibt und lebt, was ich mir manchmal heimlich nur wünschte und ahnete« (3), versuchte er sich selbst in dieser Kunst. Fortunatos eigene Einstellung zur Dichtkunst propagiert einerseits eine auf Gott bezogene, christlichfromme Kraft der Dichtung: »Jeder lobt Gott auf seine Weise […] und alle Stimmen zusammen machen den Frühling« (3). Andererseits

> *Eichendorffs Vorstellung von einem christlichen Helden*

> *Zwei Kräfte von Dichtung und Kunst*

weiß er um die dämonische Kraft der Sangeskunst, vor der er ausdrücklich warnt (vgl. 4).

Daher obliegt es in der Geschichte nicht durch Zufall Fortunato, Florio in einen Künstler, einen »redlichen Dichter« (47) umzuwandeln, der die sinnliche Gefährdung des Menschen zwar in seinen Werken phantasievoll ausgestaltet, jedoch die heidnisch-dämonischen Kräfte ästhetisch zu binden und durch den christlichen Glauben zu kontrollieren, ja abzulösen vermag.

Eichendorffs Konzept der romantischen Poesie, das er im *Marmorbild* entwickelt, entspricht seiner Kritik an der romantischen Strömung, die er später in seinen literarhistorischen Schriften ausarbeitet. »Als maßgebliches Verdienst der Romantik wird dort die der rationalistischen Anthropologie [d.h. Lehre vom Wesen des Menschen] der Aufklärung entgegengesetzte Wiederentdeckung der ›verborgene[n], tiefere[n] Nachtseite der menschlichen Seele‹ hervorgehoben. ›Gefühl und Phantasie‹ als Vermögen der Seele bleiben aber zunächst ›dämonische Grundkräfte‹, die ›ohne Vermittelung eines Höhern über ihnen kein harmonisches Ganze‹ bilden können, d.h. sie bedurften der Einbindung in das christliche Transzendenzbewußtsein, um positiv wirksam zu werden.«[4]

Bindung der Triebkräfte durch den christlichen Glauben

Solcherart hat Eichendorff in seiner Novelle selbst die Bändigung des Sinnlichen und des – religiös gesprochen – Sündhaften inszeniert. Mit der adoleszenten Reise seiner Künstlerfigur Florio, der seine menschliche Jugendkrise im Sinne christlicher Bürgerlichkeit überwindet, demonstriert Eichendorff parabelhaft die reinigende Kraft wahrer Poesie.

Antike und christliche Elemente in Fortunatos Liedern

Eichendorff kontrastiert in seiner Novelle antike Mythologie mit christlichen Vorstellungen. Am deutlichsten zeigt sich dies in den zwei langen Liedern des Fortunato, die Eichendorff in der beliebten Form der Romanze (eines Erzählliedes) präsentiert. Im ersten Lied (vgl. 8–11), das Eichendorff später unter dem Titel *Götterdämmerung* in seiner Werkausgabe (1841) veröffentlicht hat, wird zunächst dem in Liebe erglühten Bacchus (griech. Dionysos, Gott des Weines und der Fruchtbarkeit) und der im Frühling auferstehenden Venus gehuldigt. Der zweite Teil, von Fortunato in einem ernsteren Ton vorgetragen, löst das Bild des Gottes Bacchus durch das des Todesgenius Thanatos mit gesenkter Fackel ab, der das irdische Frühlingsfest unterbricht und wie ein christlicher Engel auf das Reich Gottes verweist.

> *Lieder in Romanzenform*

Bacchus erscheint in diesem Lied als Jüngling, der mit Rosen bekränzt ist. Nach antiker Tradition ist die Rose wegen ihrer Schönheit und ihres Duftes das Attribut der Göttin der Schönheit und der Liebe (Aphrodite/Venus), aber zugleich auch die Blume in den Gefilden der Seligen sowie das Symbol des Frühlings und des Sommers.[5] Den symbolhaften Zusammenhang nimmt Eichendorff in dem Gesang der blühenden Frühlingsgestalt wieder auf (vgl. 21). In diesem lyrischen Naturbild des Frühlings scheint zwar der Abglanz des Paradieses durch, denn das Christentum übernahm die Vorstellung von der Rose als Paradiesblume. Jedoch muss die Venus sehnsuchtsvoll ihre Unerlösbarkeit im ewigen Kreislauf der er-

> *Rosensymbolik*

> *Unerlöste Natur*

blühenden und sterbenden Natur beklagen, die nach dem Sündenfall der Menschen zum Reich des Verbotenen geworden ist.

Diese eigenartige Bildüberlagerung von Venus- und Madonnenbild – ein beliebtes Motiv romantischer Dichtung – führt Eichendorff im zweiten Lied Fortunatos (44–46) konsequent weiter. Diese lange Romanze vermengt nicht mehr nur heidnische und christliche Vorstellungsbereiche, sondern konturiert klar die Überwindung des Heidnischen durch das Christentum, indem es Venus durch die Mutter Gottes ablöst. Die antike Göttin ist zusammen mit ihrem in Trümmer und Ruinen zerfallenen Reich abgestorben; ihr »schöner Leib« ist zu »Stein« geworden (45), zu bösem Spuk. »Hoch auf dem Regenbogen« am Himmel erscheint nun »Ein andres Frauenbild« (46), das der Gottesmutter Maria.

Der christliche Dichter Eichendorff erweckt also in seinem *Marmorbild* die mythologischen Bilder zum Leben, um deren Schönheit er als Romantiker durchaus weiß, verbindet aber damit zugleich eine Warnung, »sich dem Zauber einer Natur ohne Gott hinzugeben, einem Zauber, den der Mensch auch in sich selber findet. Der einzelne würde sich in den Gründen und Abgründen verlieren.«[6] Eichendorffs Novelle formuliert damit die Botschaft vom Christentum als der Religion der Freiheit, wenn sie Florio am Ende sein Heil in der Bindung an Gottvater spüren lässt: »Nun bin ich frei!« (47).

Religion der Freiheit

Die Erzählweise der Novelle

Dem Novellentext ist ein lyrisch-sinnlicher Charakter eigen. Sein Stimmungsgehalt erschließt sich am besten, wenn man ihn laut liest oder eine der gelungenen Rezitationen anhört (siehe Lektüretipps).

Gleich der Beginn spricht den Leser über die Sinneskanäle des erzählerisch vermittelten Sehens, Hörens und Riechens an: »Es war ein schöner Sommerabend, als Florio, ein junger Edelmann, langsam auf die Tore von Lucca zuritt, sich erfreuend an dem feinen Dufte, der über der wunderschönen Landschaft und den Türmen und Dächern der Stadt vor ihm zitterte, so wie an den bunten Zügen zierlicher Damen und Herren, welche sich zu beiden Seiten der Straße unter den hohen Kastanien-Alleen fröhlichschwärmend ergingen« (3). Dieser lange und doch wohl gegliederte Anfangssatz entwirft eine Szenerie, die im Einklang mit der seelischen Verfassung Florios steht. Intensiviert werden die Schilderungen durch versnahe, poetische Stilelemente wie Präsenspartizipien und ausschmückende Adjektive (so genannte Epitheta), die attributiv die vorwiegend parataktischen Sätze (Hauptsatzkonstruktionen) bereichern.

Ein sinnlicher Text

Geradezu musikalisch mutet die Beschreibung der Festwiese der Abendgesellschaft an, die zusätzlich mithilfe dynamisierender Verben und positiv konnotierter Partizipien in Bewegung versetzt wird: »Versteckte Musikchöre erschallten da von allen Seiten aus den blühenden Gebüschen, unter den hohen Bäumen wandelten sittige Frauen auf und nieder und ließen die schönen Augen musternd ergehen über die glänzende Wiese, lachend und plaudernd und mit den bunten Federn ni-

Ein Klang-Text

ckend im lauen Abendgolde wie ein Blumenbeet, das sich im Winde wiegt« (4).

Die verlebendigende Wirkung der so auffallend häufig verwendeten Partizipien nutzt Eichendorff besonders in der Lustgartenszene, um Florios Wahrnehmung der auftauchenden Venusdame zu veranschaulichen. Nicht umsonst beschreibt der Dichter hier gezielt eine musikalische Untermalung, damit die Verlockungen der Venus auf den Jüngling sogar hörbar werden (20,19–26). Die häufigen adverbialen Bestimmungen tun ein Übriges, die räumlichen und zeitlichen Gegebenheiten präzise auszugestalten und die erzählten Vorgänge spannungsvoll zu retardieren bzw. zu beschleunigen.

Bis auf wenige Stellen, an denen sich kurz ein kommentierender Erzähler einschaltet (vgl. 27,12–21; 34,23–26 und 48,1–4), begibt sich der personale Erzähler durch Innensicht in den Erfahrungsbereich seines Helden. Bezüglich der Erzählperspektive gelingt es Eichendorff dadurch, die Distanz zwischen einem allwissenden Erzähler und seiner Hauptfigur zu reduzieren, was ein wichtiges Merkmal romantischen Erzählstils darstellt.

Erzählperspektive

7. Autor und Zeit

Joseph Karl Benedikt Freiherr von Eichendorff wurde am 10. März 1788 auf Schloss Lubowitz in der Nähe des Städtchens Ratibor in Oberschlesien geboren. Sein Vater war ein Gutsherr, der Immobiliengeschäfte tätigte und mit Geld spekulierte. Die Mutter Karoline pflegte eine kostspielige Haushaltsführung. Eichendorff verlebte eine glückliche Kinder- und Jugendzeit und erhielt zusammen mit seinem 1796 geborenen Bruder Wilhelm eine sorgfältige Erziehung durch katholische Hauslehrer. Ab 1801 ging Joseph genauso wie sein Bruder auf das Katholische Gymnasium in Breslau.

In dieser Zeit bahnte sich der Ruin von Lubowitz und dem Vermögen des Vaters an, gegen den ein gerichtliches Verfahren eingeleitet wurde. Umso mehr war es nun notwendig, dass die Söhne eine fundierte Ausbildung erhielten, damit sie auch nach dem Verlust des väterlichen Erbes Aussicht auf eine einträgliche Arbeit hatten.

Ruin des väterlichen Besitzes

Eichendorff verbrachte seine Freizeit nach der Schule mit Zeichnen, Tanzen, Fechten und Schwimmen und nutzte seine Mußestunden überdies zum Gedichteschreiben. Ebenso ließ er seiner erwachten Leidenschaft fürs Theater freien Lauf und besuchte eine große Anzahl von Stücken und Opern bekannter Dramatiker und Komponisten seiner Zeit wie Gotthold Ephraim Lessing, August von Kotzebue, Friedrich Schiller und Johann Wolfgang Goethe sowie Wolfgang Amadeus Mozart, Christoph Willibald Gluck und Carl Maria von Weber.

	Nach dem Erhalt der Reifezeugnisse be-

Schulabschluss suchten die beiden Brüder 1804 ein halbes Jahr lang Vorlesungen an der Universität zu Breslau. Während der Breslauer Zeit genoss Eichendorff eine umfassende Bildung, so etwa in Geschichte, Religion und Moral, Mathematik, Physik und in vielen Sprachen. Zudem las er die griechischen und römischen Klassiker und begann selbst zu dichten.

1805 schrieben sich die Brüder Eichendorff an der Universität in Halle an der Saale als Studenten der *Studium in Halle an der Saale* Rechts- und Geisteswissenschaften ein. Josephs Tagebucheintragungen verraten das dort herrschende bunte studentische Treiben: Die Notizen bestehen aus Trink- und Prügelszenen, Studentenwitzen und Streitereien mit Spießbürgern – den so genannten ›Philistern‹, die allen Romantikern ein Greuel waren. Die Studenten rebellierten nicht nur gegen die städtische Obrigkeit, sondern auch gegen das Militär.

1806 verließen die Brüder Halle, kurz bevor Napoleon einmarschierte, der schließlich die Universität auflösen sollte.

Die jungen Eichendorffs verbrachten ihre Semesterferien in Lubowitz, wo sie offenbar beide einer *Liebschaft in der Heimat* Liebelei mit der Frau eines Justitiars aus Ratibor, Benigna Sophie Hahmann, nachhingen. Josephs erotisches Interesse an der fast 14 Jahre Älteren schilderte er sogar verschlüsselt in dem Gedicht *Das Zaubernetz*. (1810 sollte er Hahmann wieder sehen und immer noch von ihren schönen Augen schwärmen. Möglicherweise hat Eichendorff an diese schöne Frau gedacht, als er am *Marmorbild* schrieb, denn ein Tagebucheintrag zeugt von einem Ausspruch, der Florios

Joseph von Eichendorff
Zeichnung von Franz Kugler (1832)
© akg-images

Stoßgebet (40,7 f.) ähnelt: »Gott behüte mich vor dem Verlieben!«[7])

Beide Brüder setzten ihre Studien in Heidelberg fort. Die-

Studium in Heidelberg

se Zeit sollte für Josephs Entwicklung zum romantischen Dichter entscheidend sein, weil er sich dort von den Vorlesungen zur Ästhetik (Kunstphilosophie) von Joseph Görres stark beeindrucken ließ. Görres als ›Kultfigur‹ der Heidelberger Romantiker scharte eine eher lose Gruppe von aufklärungskritischen, gegen die Philister spottenden und gegen die Napoleonischen Besatzungstruppen wetternden Bohemiens um sich, so Achim von Arnim und Clemens Brentano, deren 1806 entstandene Liedersammlung *Des Knaben Wunderhorn* einen nachhaltigen Eindruck bei Eichendorff hinterließ. Die – wie man heute weiß – stark bearbeiteten Volkslieder aus dem Alltag und die Balladen und Romanzen aus der Geschichte sollten eine deutsche Tradition begründen.

Eine enge künstlerische Bindung

In Heidelberg entstand auch eine enge Freundschaft zu dem Dichter Otto Heinrich Graf Loeben, der einem esoterischen Kreis zur Verehrung des Dichters Novalis (= Friedrich von Hardenberg) angehörte. Das Jahr 1808 zeitigte einen regen poetischen Austausch zwischen Eichendorff und Loeben, die sich gegenseitig Sonette schrieben. Loeben verlieh seinem Freund den Dichternamen »Florens« und schlug seine Gedichte zur Veröffentlichung in der *Zeitschrift für Wissenschaft und Kunst* vor. Später distanzierte sich Eichendorff bewusst von Loeben, weil er ihm dunklen, lebensfremden Mystizismus vorwarf und seine Dichtung als reines Wortgeklingel ansah, was seinen eigenen Vorstellungen von wahrer christlicher Poesie widersprach.

In seiner Lyrik wandte sich Eichendorff den von Brentano und Armin bearbeiteten Volksliedern zu und widmete sich der Zusammenstellung von oberschlesischen Volksmärchen und Sagen. Etwa 1808/09 entstand das Märchen *Die Zauberei im Herbste*, eine Vorstudie zum *Marmorbild*.

Im April 1809 begaben sich die Eichendorffs für kurze Zeit nach Paris, um eine kleine, für Adlige damals obligatorische Bildungsreise (die so genannte Kavalierstour) anzutreten.

Obgleich nach dem Willen seiner Mutter die Heirat mit der reichen Julie Gräfin Hoverden eine einträgliche Partie hätte sein können, um die wirtschaftliche Lage der mittlerweile völlig vermögenslosen Familie aufzubessern, begehrte Joseph gegen die Zweckehe auf. Er verlobte sich 1809 mit Luise von Larisch, die ebenfalls wenig begütert war.

Im November reisten die Brüder nach Berlin und besuchten gemeinsam mit Loeben Vorlesungen des Philosophen Johann Gottlieb Fichte. Neben Arnim und Brentano begegneten ihnen dort auch die Schriftsteller Heinrich von Kleist und Adam Müller.

Aufenthalt in Berlin

Im Herbst 1810 übersiedelten beide Brüder nach Wien, wo sie ihre juristischen Examina abschließen wollten. Der Aufenthalt in der österreichischen Metropole war geprägt von der regen Teilnahme am Theaterleben. Zusammen mit seinem Bruder bewegte Eichendorff sich im Kreise des Wiener Hochadels, der Bälle, Jagden, Weinlesen auf den Landgütern und genussreiche Feste veranstaltete. Weiterhin ging Joseph seiner Leidenschaft für die Dichtung nach: Er schrieb Gedichte nach dem Vorbild von Arnim

Studienabschluss in Wien

Debütroman

und Brentano und begann an dem Roman *Ahnung und Gegenwart* zu arbeiten, der 1815 erscheinen sollte. In diesem stark autobiographisch gefärbten Zeitroman steht die Wandlung des jungen Grafen Friedrich vom christlichen Dichter zum *miles christianus* (zum christlichen Ritter) im Zentrum. Indirekt entwickelt der episodische Roman mit seinen stimmungsvollen Landschaftsbildern eine Kritik am feudal-städtischen Lebensstil des Adels und entwirft das Ideal christlicher Lebensführung und Erlösung.

Seit dem Sommer 1811 pflegte Eichendorff freundschaftlichen Umgang mit Friedrich und Dorothea Schlegel und

Die Gebrüder Schlegel

deren Sohn, dem Maler Philipp Veit. Friedrich Schlegel gehörte zusammen mit seinem Bruder August Wilhelm zu den wichtigsten Vertretern der romantischen Theorie in Deutschland. Beide hatten das Hauptorgan der Frühromantiker, die Zeitschrift *Athenäum* (1798–1800) herausgegeben. Die kosmopolitisch und republikanisch eingestellten frühen Romantiker hatten die Auflösung literarischer Gattungen – Epik, Dramatik und Lyrik – angestrebt und dagegen eine »progressive Universalpoesie« (Athenäums-Fragment 116) proklamiert. Dem Ehepaar Schlegel zeigte Eichendorff zuerst seinen fertigen Roman, den Dorothea, selbst Romanautorin und Übersetzerin, mit Korrekturen versah.

Teilnahme an den Befreiungskriegen gegen Napoleon

Im Frühjahr 1812 bestand Joseph das erste juristische Staatsexamen. Um gemeinsam mit seinem Freund Philipp Veit an den Befreiungskriegen (1813–15) teilzunehmen, verließ Eichendorff 1813 Wien. Sein Bruder Wilhelm dagegen ließ sich nicht von der allgemeinen

Euphorie für den Krieg Preußens gegen Napoleon anstecken, weshalb es nach nunmehr 25 Jahren des innigen Zusammenlebens zu einer Entzweiung der Brüder kam. Wilhelm trat 1813 in den österreichischen Staatsdienst, während Joseph sich freiwillig zum Lützowschen Freikorps meldete. Dieser Heeresverband nahm aber an keinem entscheidenden Gefecht teil. Eichendorffs Bataillon streifte nur hungernd in Wäldern und Sümpfen umher. Schließlich erbat der Enttäuschte seinen Abschied aus dem Korps und bewarb sich erfolglos als Offizier bei der österreichischen Landwehr.

Während der Leipziger Völkerschlacht im Oktober 1813 tat er Garnisonsdienst in einem Landwehr-Infanterie-Regiment im schlesischen Glatz. Der Kriegsdienst war einige Male unterbrochen, so durch eine vorübergehende Tätigkeit im preußischen Kriegsministerium. Diese ermöglichte ihm finanziell die Heirat mit der bereits schwangeren Luise von Larisch im Jahr 1815. Während Eichendorff Besatzungsdienst in der Umgebung von Paris leistete, wurde Napoleon am 18. Juni desselben Jahres in der Schlacht bei Waterloo, der Entscheidungsschlacht der Befreiungskriege, durch die Allianz von Preußen, Österreich, England und Russland unter dem Kommando des Generals Wellington vernichtend geschlagen.

> *Heirat gegen den Willen der Eltern*

1816 wurde Eichendorff bei der Breslauer Regierung als Referendar eingestellt, eine Anstellung ohne Gehalt, was die Familie zu einem eingeschränkten Leben zwang. Seiner Dichterkarriere förderlich war 1817 der Abschluss der Novelle *Das Marmorbild*, deren Manuskript er sogleich seinem literarischen Gönner de la Motte Fouqué zusandte. Im Todesjahr seines Vaters,

> *Fertigstellung der Novelle* Das Marmorbild

1818, erschien schließlich die Erzählung, welche von den zeitgenössischen Kritikern stärker beachtet wurde als sein während der Kriegszeiten veröffentlichter Debütroman *Ahnung und Gegenwart*.

Beruflich voran kam Eichendorff mit dem Bestehen der Großen Staatsprüfung in Berlin und mit der Ernennung zum Regierungsassessor in Breslau. 1821 besserte sich zum ersten Mal die finanzielle Situation der inzwischen vierköpfigen Familie, als Eichendorff seine Tätigkeit als Beamter für Schul- und Kirchenangelegenheiten in Danzig antrat, die ein brauchbares Gehalt mit sich brachte.

Festanstellung mit Gehalt

Die drei erstgeborenen Kinder Hermann, Therese und Rudolf gediehen prächtig, Eichendorffs Tochter Agnes Clara Augusta, 1821 geboren, verstarb ein Jahr später. Ein Jahr vor der Zwangsversteigerung von Lubowitz im November 1823 wurde die Mutter des Dichters zu Grabe getragen.

In das Jahr 1823 fiel auch die Veröffentlichung der dramatischen Satire *Krieg den Philistern!*, eines literarischen Angriffs gegen pedantische und rein materiell eingestellte Spießbürger. Zu Ostern 1826 kam in Berlin die für Eichendorff folgenreichste und seinen Nachruhm befördernde Sammelpublikation der Novellen *Aus dem Leben eines Taugenichts* und *Das Marmorbild* heraus. Die erstgenannte Erzählung über den faulen Müllersburschen, der aus Fernweh ziellos die väterliche Mühle verlässt, in Italien der Gefahr der sexuellen Verführung widersteht und am Ende unter Gottes Führung die Liebe seines Lebens findet, dabei aber kein Philister wird, ist das bis heute berühmteste Werk des Dichters. Es enthält auch einige sei-

Aus dem Leben eines Taugenichts

ner schönsten Gedichte, wie z. B. *Der frohe Wanders-mann* (»Wem Gott will rechte Gunst erweisen«).

Angefügt war den beiden Erzählungen zudem ein An-hang von Liedern und Romanzen. 1828 folgten eine weitere, heute wenig bekannte dramatische Satire *Meierbeth's Glück und Ende* und das Trauerspiel *Ezelin von Romano*.

Seit 1831 in Berlin ansässig, wohin er sich von Königsberg hatte versetzen lassen, führte Eichendorff ein vorwiegend familiäres Leben, das bereits im ersten Jahr wieder von einem Schicksalsschlag getrübt wurde: Auch sein fünftes Kind, seine Tochter Anna Hedwig, starb, nicht mal ein halbes Jahr alt, im März 1832. Den Tod seines Kindes ver-suchte er in einem Gedichtzyklus *Auf meines Kindes Tod* zu verarbeiten.

In Berlin suchte Eichendorff den Kontakt zu berühmten Persönlichkeiten wie zu Friedrich Karl von Savigny, dem Komponisten Felix Mendelssohn-Bartholdy und dem Kunsthistoriker Franz Kugler, von dem auch einige Eichen-dorff-Porträts stammen.

1832 wurde die Literatursatire *Viel Lärmen um nichts* gedruckt und es entstand (die postum 1866 erschienene) politische Satire *Auch ich war in Arkadien*, welche die politischen Zeiter-eignisse nach der Julirevolution 1830 in Pa-ris sowie die Folgen des Hambacher Festes und die Kam-merkämpfe in den süddeutschen Staaten und Frankreich behandelt. Die Schlossruine von Hambach war am 27. Mai 1832 der historische Schauplatz einer großen Demon-stration von liberal Gesinnten, die Pressefreiheit, Steuerge-rechtigkeit und konstitutionelle Verfassungen forderten. Der Titel der satirischen Schrift greift einen Ausspruch Goethes in seiner *Italienischen Reise* auf und kennzeichnet

Eine politische Satire

damit die politische Unternehmung als fernes, idyllisches
Schäferreich. Dabei kritisiert Eichendorff vorrangig die
Macht der Presse, weil die überwiegende Zahl der Redner
und Berichterstatter aus der Zeitungsbranche kam. Eichendorff übte nicht nur Kritik an der Pressefreiheit, sondern an der liberalen Demokratiebewegung überhaupt.
Eher politisch reaktionär eingestellt, vertrat er im Sinne
der Heidelberger Romantik um Görres ein Programm
zur Wiederherstellung eines altdeutschen Ständestaates
christlicher Prägung.

1833 erschien das Lustspiel *Die Freier*, Eichendorffs er-
folgreichstes Theaterstück, und ein Jahr später folgte sein
zweiter Roman *Dichter und ihre Gesellen*.

Sein skeptisches Verhältnis zur Französischen Revolution verarbeitete der Dichter
in der 1837 erschienenen Novelle *Das Schloss
Dürande*. Auch hier variiert Eichendorff,
diesmal vor dem Hintergrund historischer
Ereignisse, das Thema der Liebe: Eine freie
Liebe gerät in Widerspruch zur feudalen Gesellschaft.
Die gerade ausbrechende Revolution bringt allerdings
keine Befreiung, sondern führt erst recht zum Untergang:
Ein Parteigänger der Französischen Revolution verur-
sacht als anarchischer Rächer irrtümlich den Tod seiner
eigenen Schwester.

*Skepsis
gegenüber der
Französischen
Revolution*

1841 verlieh ihm König Friedrich Wilhelm IV. von Preußen den Titel eines Geheimen Regierungsrates, einen Ehren-
titel, der mit keiner Gehaltserhöhung verbunden war. Zwei
Jahre später wurde er vom Staatsdienst beurlaubt und mit der
Abfassung der Geschichte der Marienburg, eines berühmten
gotischen Schlosses der in Ostpreußen ansässigen Ordens-
ritter, betraut.

In der Zeit seiner ihm eher unliebsamen beruflichen Laufbahn, während der er des Öfteren versucht hatte, sich nach Österreich oder nach Bayern versetzen zu lassen, weil er als Katholik bei vielen Karriereentscheidungen durch die Obrigkeit übergangen worden war, führte Eichendorff seine schriftstellerische Tätigkeit trotz hoher Arbeitsbelastung ungebremst fort.

Bereits 1843 von Berlin zu seiner Tochter Therese nach Danzig umgezogen, beschäftigte sich Eichendorff mit dem von ihm verehrten und, wie er fand, katholischsten aller Dichter, dem spanischen Dramatiker Don Pedro Calderón de la Barca. Er übersetzte dessen Fronleichnamfestspiele und das berühmte *Große Welttheater*.

Bis zu seiner Entlassung aus dem preußischen Staatsdienst im Jahre 1844 hatte Eichendorff in verschiedenen staatlichen Ressorts gearbeitet: Er war Regierungsrat und komissarischer Schulrat für Westpreußen

> *Hauptberuf: Beamter im Staatsdienst*

und Danzig, dann im Winter 1823 stellvertretender Rat im Kultusministerium – der obersten Schulbehörde – in Berlin. Von 1824 bis 1831 bekleidete er das Amt des Oberpräsidialrates und war Mitglied der ostpreußischen Regierung in Königsberg. Danach wurde er wiederum nach Berlin delegiert und fungierte dort bis 1844 als Beamter in der Abteilung für katholisches Kirchen- und Schulwesen im Kultusministerium unter Leitung des Freiherrn von Stein.

In das Jahr 1846 fiel ein längerer Aufenthalt mit Familie in Wien, wo er Umgang mit den Dichtern Adalbert Stifter, Franz Grillparzer und dem Musikerehepaar Robert und Clara Schumann sowie Giacomo Meyerbeer pflegte. Aus seiner Freundschaft mit Joseph Görres, dem Mitbegründer der *Historisch-politischen Blätter für das katho-*

lische Deutschland, erwuchs eine Mitarbeit an dieser Zeitschrift.

1847 kehrten die Eichendorffs wieder nach Danzig zurück, um anschließend in Berlin gemeinsam mit der Tochter Therese und dem Schwiegersohn ins königliche Kadettenhaus zu ziehen, wo der Dichter seinen 60. Geburtstag feierte.

Als im Folgejahr 1848 die Revolution in Berlin ausbrach und dort Straßenkrawalle wüteten, begab sich Eichendorff nach Köthen in Anhalt und nach Dresden. Doch der Dresdner Volksaufstand am 3. Mai 1849 mit 200 Toten führte zur erneuten Flucht, und zwar wieder nach Berlin für die nächsten sechs Jahre. Überwiegend zurückgezogen im Haus von Tochter und Schwiegersohn lebend, wandte er sich einer literarischen Gattung zu, an die er sich vordem noch nicht herangewagt hatte: dem Versepos. Seine zwei Versuche *Julian* (1853) und *Robert und Guiscard* (1855) (sowie die 1857 erschienene Märtyrerlegende *Lucius*), in denen die katholisch-christliche Tendenz noch stärker als in seinen übrigen Werken hervortritt, sind eher unbedeutend geblieben und fanden keine Resonanz bei den Lesern.

In seine Berliner Jahre fiel gleichzeitig die erneute intensive Hinwendung zu dem Spanier Calderón, dessen geistliche Schauspiele er weiter in Übersetzungen herausbrachte. Zudem widmete er sich verstärkt der Literaturgeschichtsschreibung. Eichendorffs krönendes Hauptwerk seiner literarhistorischen Schriften sollte neben Arbeiten zu Roman und Drama die zweiteilige *Geschichte der poetischen Literatur Deutschlands* (1857) sein.

Eichendorff fühlte sich nach dem Tode seiner geliebten Gattin Luise im Jahr 1855 – selbst im Kreise der Familie seiner Tochter – mehr und mehr vereinsamt. 1857 war es ihm noch vergönnt, sich, wie in jedem Sommer, auf dem Grundbesitz der Geschwister Sedlnitz im mährischen Kuhländchen aufzuhalten. Mitte November desselben Jahres zog er sich eine Erkältung zu, von der er sich nicht mehr erholen sollte. Eichendorff starb am 26. November 1857 in Neisse.

> Tod mit
> 69 Jahren

Werktabelle

(Aufgenommen sind nur die literarischen Werke. Die literarhistorischen Schriften, die überwiegend zwischen 1844 und 1857 erschienen sind, sowie die Übersetzungen von Schauspielen des spanischen Dichters Calderón de la Barca werden nicht angeführt.)

1815 *Ahnung und Gegenwart. Ein Roman.*
1818 *Das Marmorbild. Eine Novelle.* (Erschienen 1818 im *Frauentaschenbuch für das Jahr 1819.*)
1824 *Krieg den Philistern! Dramatisches Mährchen in fünf Abentheuern.*
1826 *Aus dem Leben eines Taugenichts* und *Das Marmorbild. Zwei Novellen nebst einem Anhange von Liedern und Romanzen.*
1828 *Meierbeths Glück und Ende. Tragödie mit Gesang und Tanz; Ezelin von Romano. Trauerspiel.*
1830 *Der letzte Held von Marienburg. Trauerspiel.*
1832 *Viel Lärmen um nichts.* (Veröffentlicht in der Zeitschrift *Gubitzens Gesellschafter.*)
1833 *Die Freier. Lustspiel.*

1834 *Dichter und ihre Gesellen. Novelle.*

1837 Gedichte; *Das Schloß Dürande* (Gedruckt in *Urania. Taschenbuch auf das Jahr 1837.*)

1841 *Die Glücksritter. Novelle.* (Publiziert im *Rheinischen Jahrbuch.*)

1853 *Julien. Romanze.*

1855 *Robert und Guiscard. Versepos.*

1857 *Lucius.* (Eine Märtyrerlegende.)

8. Rezeption

Der Sagenstoff in der Literatur

Die beiden grundlegenden Motive der Statuenbelebung und des Venusberges (innerhalb der Tannhäuser-Sage), die Eichendorff in seiner Novelle aufgreift, haben in der Literatur eine mannigfache Ausgestaltung erfahren.

Der römische Dichter Ovid erzählt in Buch 10,243 ff. seiner *Metamorphosen* – in den berühmten episodischen Mythen über die Gestaltveränderungen – wie der einsame Bildhauer Pygmalion auf Zypern sich in eine von ihm geschaffene Frauenstatue aus Elfenbein verliebt, das Venus auf seine Bitten hin belebt. Führt Ovids Pygmalion-Mythos noch die glückliche erotische Vereinigung vor, werten Erzählungen des Mittelalters die Statuenverlobung als bösen Zauber.

Pygmalion-Mythos

Statuen-verlobung

Die Geschichte vom Venusring aus der Chronik des William von Malmesbury aus dem 12. Jahrhundert berichtet, wie ein junger Römer an seinem Hochzeitstag Ball spielt und seinen dabei hinderlichen Ehering an den Finger einer Venusstatue steckt. Weil die Hand der Statue plötzlich gekrümmt ist, vermag er den Ring nicht mehr abzuziehen; später ist sie wieder gestreckt, doch der Ring verschwunden. In der Hochzeitsnacht macht die dämonische Venus ihr Recht als Verlobte geltend und liegt zwischen dem jungen Bräutigam und seiner Braut. Wegen des erotischen Zauberbanns kann die Ehe nicht vollzogen werden. Der Bann kann erst durch die Magie eines um Hilfe gerufenen Wahrsagers gelöst werden, der allerdings die Vertreibung des Dämons mit dem Tod bezahlt.

In der um 1150 in Regensburg entstandenen *Kaiserchronik*, der ersten deutschen Reimchronik, wird das Motiv der römischen Hochzeit in die Zeit des christlichen Kaisers Theodosius verlegt. Astrolâbus, ein Heide, erblickt zufällig beim Ballspielen eine Venusstatue, in die er sich verliebt und der er als Zeichen seines Eheversprechens einen Verlobungsring ansteckt. So vom Teufel verführt und an seiner Leidenschaft dahinsiechend, kann Astrolâbus nur durch einen katholischen Priester, einen früheren Magier, erlöst werden. Der Kaplan Eusebius selbst nimmt keinen Schaden, weil der Heide getauft wird und damit der Christenheit eine weitere Seele zugeführt worden ist. Zugleich hat sich die verteufelte Venusfigur in ein Engelsbild verwandelt.

Die mittelalterliche Kaiserchronik

Die christlich ausgedeutete Fassung der dämonisierten Statuenverlobung der mittelalterlichen Quellen gelangte im 17. Jahrhundert durch barocke Nacherzählungen zu großer Popularität.

Der zwischen Romantik und Realismus anzusiedelnde Dichter Heinrich Heine setzte sich am intensivsten mit antiken und nordischen Sagen und Legenden sowohl in seinen theoretischen als auch erzählenden Schriften auseinander. Sein Essay *Elementargeister* verarbeitet in lockerer und witziger Weise umfangreiches Quellenmaterial – vor allem auch romantische Stoffbearbeitungen – und versucht nachzuvollziehen, wie das Christentum die antiken Götter nach und nach transformierte (umgestaltete), d. h. verteufelte. An einer Stelle nimmt Heine sich

Heines Interesse am Legenden-stoff

eine Nacherzählung des Venusmythos und des Stoffes der Statuenliebe vor, die an Eichendorffs Ausgestaltung dieses Sujets in seinem *Marmorbild* erinnert, aber zu einem ironisch-spöttischen Angriff gegen romantische Deutschtümelei gerät: »Der Schauplatz ist gewöhnlich Italien und der Held derselben [Dichtungen] irgend ein deutscher Ritter, der wegen seiner jungen Unerfahrenheit, oder auch seiner schlanken Gestalt wegen, von den schönen Unholden mit besonders lieblichen Listen umgarnt wird. Da geht er nun, an schönen Herbsttagen, mit seinen einsamen Träumen spazieren, denkt vielleicht an die heimischen Eichenwälder und an das blonde Mädchen, das er dort gelassen, der leichte Fant! Aber plötzlich steht er vor einer marmornen Bildsäule, bey deren Anblick er fast betroffen stehen bleibt. Es ist vielleicht die Göttin der Schönheit, und er steht ihr Angesicht zu Angesicht gegenüber, und das Herz des jungen Barbaren wird heimlich ergriffen von dem alten Zauber.«[8]

In seiner Erzählung *Florentinische Nächte*, die ebenfalls wie sein Essay im dritten Band der Prosatextsammlung *Der Salon* (1837) erschien, treibt Heine seinen Spott gegen christliche Tendenzen der Romantik auf die Spitze. Zum Zwecke des Aufbegehrens gegen die

Spott gegen christliche Tendenzen

sinnes- und körperfeindliche Moralistik der Biedermeierzeit zieht er die Statuenliebe ins Groteske: Die Hauptfigur Maximilian berichtet am Bett seiner lungenkranken Geliebten, wie er als Knabe inbrünstig in einer Mondnacht ein weißes Marmorbildnis geküsst hat. Diese unnormale, krankhafte »wunderbare Leidenschaft für marmorne Statuen« steigerte sich, so fährt Maximilian fort, bis zur Liebe von Frauengemälden und sogar für »todte Frauen«.[9] Für

Zeitgenossen Heines muss dieser Tabubruch noch dadurch verstärkt Empörung hervorgerufen haben, dass Maximilians pathologische Lust an todverfallener Schönheit auch nicht durch katholische Glaubenspraxis geheilt werden kann, wie er seinen Protagonisten sagen lässt: »Ich wurde damals ein sehr eifriger Kirchengänger und mein Gemüth versenkte sich in die Mystik des Catholizismus.«[10]

Als Meisterwerk der französischen Novellistik gilt *La Vénus d'Ille* (1837) von Prosper Merimée. Diese Schauernovelle variiert die bekannte Venusringsage und thematisiert dabei die Spannung zwischen rationalen Erklärungsversuchen eines Mordes und dessen Unerklärbarkeit: Eine Venusstatue soll den jungen Bräutigam Peyrehorade in tödlicher Umarmung erwürgt haben.

Kurz vor der Wende zum 20. Jahrhundert dichtete Richard Dehmel, ein Vorläufer des deutschen Expressionismus, das Gedicht *Venus Consolatrix*, dessen Veröffentlichung im Jahre 1896 eine Verurteilung wegen der Verletzung religiöser und sittlicher Gefühle nach sich zog.

Die Tannhäuser-Sage

Einen eigenen Motivbereich innerhalb der Stofftradition der magischen Venus-Verführung stellt die Sage vom Venusritter Tannhäuser dar. Die Sage um den bayrisch-österreichischen Minnesänger (ca. 1200–68) gelangte gegen Ende des 13. Jahrhunderts von Italien nach Deutschland und fand ihren Niederschlag im *Tannhäuserlied* um 1515. »Das Lied setzt ein mit einem Dialog zwischen dem Ritter Tannhäuser und Frau Venus, die den Geliebten bei sich im Venusberg zurückzuhalten sucht. Ihn aber treibt das Gewissen fort. Er pilgert zum Papst, der ihm jedoch Vergebung versagt: Wenn der dürre Stab in der Hand des Papstes grüne, könne Tannhäuser verziehen werden. Als am dritten Tage danach der Stecken zu grünen beginnt und der Papst Tannhäuser suchen läßt, ist der Ritter bereits verzweifelt in den Venusberg zurückgekehrt.«[11] Der Venusberg als Ort der dämonischen Verführung wurde zunächst in der Novelle *Der getreue Eckart und der Tannenhäuser* (1800) von Ludwig Tieck in der deutschen Romantik verarbeitet. Tieck

Ludwig Tiecks Version

entwickelt den Stoff dahingehend weiter, dass er neben Venus eine zweite Frau einführt, die allerdings nicht von Tannhäuser, sondern von dessen Freund, Friedrich von Wolfhagen, erobert wird und die Tannhäuser nach der Verbannung durch den Papst und vor der Rückkehr in den Venusberg umbringt: Ein Mord aus wahnhafter Leidenschaft und Eifersucht. Im ersten Teil der Erzählung gestaltet Tieck mit dem christlichen Helden Eckart eine Figur, die durch Glauben und ritterliche Treue vor der Verführbarkeit geschützt ist.

Neben Tiecks Novelle fand besonders das Lied *Der Tannhäuser* nach seiner Veröffentlichung in der populären Gedichtanthologie *Des Knaben Wunderhorn* (1806, herausgegeben von Clemens Brentano und Achim von Arnim) auch Eingang in romantische Balladen von Heinrich Heine, Emanuel Geibel und anderen Autoren.

Mitte des 19. Jahrhunderts nahm sich der Librettist und Komponist Richard Wagner des Stoffes an und schuf die romantische Oper *Tannhäuser und der Sängerkrieg auf der Wartburg*, die 1845 uraufgeführt wurde. Wagner ver-

Richard Wagners Oper Tannhäuser

wob mehrere in der Romantik bekannte Legenden, so den Sagenkreis um den Minnesänger Heinrich von Ofterdingen aus dem 13. Jahrhundert, der nach dem damaligen

Kenntnisstand mit Tannhäuser gleichgesetzt wurde, und die Legende vom historisch ungesicherten Sängerkrieg auf der Wartburg bei Eisenach im Thüringischen, der um 1206/07 stattgefunden haben soll. Die erste Szene der Oper spielt im Inneren des Hörselbergs bei Eisenach, dem Venusberg in deutschen Sagen. Tannhäuser entflieht dem Venusreich, um wieder unter den Sterblichen zu sein. Er nimmt an dem Streit der Sänger teil, die das Wesen der Liebe besingen sollen, um die Gunst von Elisabeth, der Tochter des Thüringischen Landgrafen Hermann, zu erlangen. Im Gegensatz zu den Minnesängern Wolfram von Eschenbach und Walther von der Vogelweide, die von der Reinheit und Tugend singen, preist Tannhäuser die Genussliebe und bekennt sich zum Ritter der Venus. Als Sünder gebrandmarkt, aber von seiner Geliebten Elisabeth begnadigt, tritt er eine Pilgerreise nach Rom an, wo ihm aber die Vergebung durch den Papst versagt wird. Seine Enttäuschung lässt den Zurückgekehrten in ekstatischem Verlangen nach Venus erglühen, die ihn auf ewig binden will. Als Wolfram ihm vom Tode Elisabeths berichtet, die sodann ein Trauerzug aufgebahrt vorbeiträgt, besinnt er sich. Venus versinkt klagend. Vergönnt ist Tannhäuser Erlösung wegen der Fürbitte Elisabeths, die vor Schmerz darüber, dass Tannhäuser wohl nicht mehr zurückkehre, die Jungfrau Maria um Aufnahme in den Himmel angefleht hatte.

Der Venusberg in Deutschland

Eichendorffs Werk selbst durchziehen zahlreiche Bearbeitungen des Stoffes in Gedichten und Prosatexten. Bereits in der als Vorstufe zum Marmorbild angesehenen Erzählung *Die Zauberei im Herbste* (1808/09) kündigt sich das Motiv der Verzauberung eines Ritters im Venus-

berg an. Im Gedicht *Frühlingsfahrt* (1818; später unter
dem Titel *Die zwei Gesellen* bekannt geworden) wird das
Abgründige der Erdverlockung allegorisch im Sirenenmotiv dargestellt. Auch in seinem Erstlingswerk, dem
Roman *Ahnung und Gegenwart* (1815), sowie im *Taugenichts* (1826) und in der historischen Erzählung *Eine
Meerfahrt* (1840) nimmt Eichendorff das Motiv des Ve-
nuszaubers auf.

Wirkungsgeschichte der Novelle

Das *Marmorbild* erschien 1818 im *Frauentaschenbuch für
das Jahr 1819*, einem literarischen Periodikum von Friedrich
de la Motte Fouqué. Dass Eichendorffs Text so gar nicht
den Zeitgeschmack zu treffen vermochte, hing sicherlich
mit der biedermeierlich geprägten Erwartungshaltung des
Lesepublikums zusammen. Zudem war Eichendorff als Prosaautor noch recht unbe-
kannt. Kritisiert wurde an dem Text vor- | *Kritik*
rangig die überbordende »blühende Phantasie«[12], und
überhaupt stufte man den Venusstoff grundsätzlich als »un-
dankbar« ein. Ein Sujet, das der damaligen Mode folgend einen »Teufelsspuck aus dem Heidenthume«[13] beschreibe und
dabei die christliche Mythologie so unbefangen übertrieben
ausgestalte, galt nicht als angebracht. Immerhin erkannte
man ein »wahrhaft poetisches Gemüth«[14] in Eichendorff
und erhoffte sich in Zukunft bessere Werke von ihm.

Erst die Veröffentlichung in der Buchausgabe zusammen
mit *Aus dem Leben eines Taugenichts* (1826) verhalf dem
Marmorbild zu einer günstigeren Aufnahme. Der Schriftsteller Willibald Alexis, der selbst wenig später die Erzäh-

lung *Venus in Rom* (1828) publizierte, betonte ebenfalls des Dichters Talent, hätte sich aber von einem so »reichhaltige[n] tief begründete[m] Thema« mehr als bloß einen »Gespensterspuk, ohne viel andere als äußerliche Bedeutung«[15] erhofft. Andere Rezensenten hoben dagegen die ungezwungene Erzählweise und den kunstvollen Gesamtaufbau der Novelle hervor, der noch gelungener als der des *Taugenichts* sei.

Positive Wertungen

Der Weimarer Hofrat Adolf Schöll interpretierte 1836 die Novelle als romantische Darstellung des Scheins einer »Idealität« und »Traumwelt«, die aber zugleich die Erlösung von den »Blendbildern«, den Symbolen der »niederen Lebenstriebe, Eitelkeit und Sinnenlust«[16] lehre. Trotz dieser Einschätzung, die dem tieferen Gehalt romantischer Erzählweise gerecht werden will, zeige die Rezeptionsgeschichte nach der Aussage des Literaturwissenschaftlers Paul Mog aus dem Jahr 1975 aber eher, »daß das sinnbildliche Bedeutungspotential seines [Eichendorffs] Werkes weitgehend nicht angeeignet wurde. Nicht nur die mangelnden bildungsmäßigen Voraussetzungen, auch das Schrumpfen einer bereits in den ersten Jahrzehnten des 19. Jahrhunderts nicht mehr selbstverständlichen Religiosität lassen den gedanklichen Bezugsrahmen des Werks kaum in Kraft treten.«[17]

In den dreißiger Jahren des 19. Jahrhunderts setzte sich das Kunstprogramm des Jungen Deutschland, einer stark von Hegels Philosophie bestimmten politisch-literarischen Strömung, durch und die Romantik wurde weitestgehend als überholt angesehen. So wurde auch Eichendorff vor dem Hintergrund eines zeitkritisch-politischen Dich-

Ablehnung der Romantik

tungsverständnisses eingestuft als Dichter, der dem
»Fluch der Romantik« aufsitze, deren Attribute »ver-
kleisterte Gemüthlichkeit« sowie »getrübte Naivetät«
seien.[18]

In der Jahrhundertmitte erkannte man den kulturge-
schichtlichen und theologischen Gehalt der Novelle, die gewissermaßen in Form der literarischen Phantastik symbolhaft die »Bedeutung der antiken Kunst, Religion und Sitte
für unsre Zeit«[19] aufzuzeigen vermöge. Demgemäß mar-
kierte ein kirchlicher Rezensent den auch in heutigen Inter-
pretationen betonten Gegensatz von »heidnischer und
christlicher Schönheit«, wobei der »Sieg der letzteren« dargestellt werde.[20]

Mitte des 20. Jahrhunderts kritisiert die Historikerin
Ricarda Huch den Kontrast zwischen
einem glorifizierten Deutschland christlicher Prägung und einem sinnlich-sün-
digen Italien, den Eichendorff in seinen

*National geprägte
Interpretation*

Romanen und Novellen entwerfe. Die beiden Länder
verhielten sich bei Eichendorff »wie Geistesstärke und
Sinnenglut«.[21]

Bewundert wurde Eichendorff in der Folgezeit für seinen
volksliedhaften, lyrischen Ton in all seinen literarischen
Werken und speziell für seine verzaubernden Landschafts-
schilderungen im *Marmorbild*.

9. Checkliste

1. Welche Ideenquelle liegt dem *Marmorbild* zugrunde?
2. Inwiefern unterscheidet sich das Italienbild der deutschen Klassik von dem der Romantik?
3. Wo taucht das Marmorbild, wonach die Novelle benannt ist, zum ersten Mal auf?
4. Weshalb lobt Fortunato den Morgen?
5. Wie oft begegnet Florio der Venusdame?
6. In welchem Abschnitt der Erzählung möchte Florio seinem Leben ein Ende setzen und warum?
7. Wodurch erlangt Florio wieder neuen Lebensmut?
8. Weshalb charakterisiert Eichendorff Fortunato als christlichen Dichtersänger?
9. Weshalb scheint Donati ein teuflischer Ritter zu sein?
10. Erläutern Sie das verwirrende »Doppelbild« der beiden Frauengestalten, das Florio auf dem Maskenball in Pietros Landhaus sieht.
11. Welche Aufgabe kommt Bianka zu? Vergleichen Sie dabei ihr Auftreten in der Festgesellschaft vor den Toren Luccas und ihr Verhalten auf dem Maskenball.
12. Wie versucht die Venusdame, Florio zu verführen?
13. Welche romantische Grundsituation kennzeichnet den Novelleneingang?
14. Welcher Abschnitt der Erzählung hat eine verzögernde Funktion und wodurch?
15. Welche Episode stellt den Höhepunkt der Novelle dar?
16. Könnte Florio ohne Fortunatos Hilfe Rettung finden? Reicht allein seine Anrufung Gottes aus?
17. Erläutern Sie Fortunatos ›Bildungsauftrag‹ gegenüber seinem Schützling.

18. Erläutern Sie die folgende Behauptung: »*Das Marmor-bild* ist eine Art Künstlernovelle, mit der Eichendorff auch Kritik an der Romantik übt.« Welches Dichtungs-verständnis will Eichendorff anhand seiner Novelle ex-emplarisch vermitteln?

19. Welcher der beiden Deutungsansätze ist für Sie plau-sibler: Die Jugendproblematik oder die Künstlerpro-blematik? Nehmen Sie selbst begründend Stellung.

20. Versuchen Sie zu erörtern, was der Literaturwissen-schaftler Horst Wiebesiek mit der folgenden These meint: »Es gelingt Eichendorff eindrucksvoll, den Leser in diese für das ganze Leben so bedeutsame Jugendpro-blematik miterlebend hineinzuziehen. Denn die vom Dichter herangezogenen und für die Art seiner Erzähl-weise abgewandelten Mythen symbolisieren bestimmte Grundkräfte und Entwicklungsgefahren im Leben des Jugendlichen.«[22]

21. Versuchen Sie, folgende Interpretation zur Rolle Fortu-natos zu erläutern: »Wahres Dichtertum – so führt es Fortunato vor – weiß um die Notwendigkeit und ver-fügt über das Vermögen, Sinnlichkeit und Glauben in Einklang zu bringen« (Heide Hollmer/Albert Meier).[23]

22. Welche Aussage und Funktion haben die zwei langen Lieder des Fortunato?

23. Erklären Sie, wie und warum Eichendorff in beiden Lie-dern Christentum und Antike in mythischen Bildern gegenüberstellt!

24. Stellen Sie heraus, weshalb für Eichendorff das Chris-tentum die Religion der Freiheit darstellt!

25. Welche stilistischen Eigenarten kennzeichnen die Er-zählweise der Novelle?

26. Stellen Sie die antike und die mittelalterliche Venussage

einander gegenüber. Erläutern Sie Eichendorffs Ausgestaltung der Venussage vor dem Hintergrund seiner
christlichen Botschaft.

27. Der Dichter Heinrich Heine verspottete gewisse Tendenzen der Romantiker, die den Stoff der Venussage
literarisch verarbeitet haben. Erläutern Sie, weshalb.

28. Vergleichen Sie die Version der mittelalterlichen Tannhäuser-Sage mit der Oper von Richard Wagner. Welche
Elemente dieser Sage hat hingegen Eichendorff verwendet?

29. Weshalb wurde die Novelle von Eichendorffs Zeitgenossen und noch von Kritikern im 20. Jahrhundert eher
negativ aufgenommen?

30. Welche Aspekte der Novelle lobten die Rezensenten?

31. Beurteilen Sie abschließend folgende Ansichten:
    a) *Das Marmorbild* stellt Irrationalität im Alltag heraus
    und kann deshalb heute noch Menschen begeistern,
    die an Fantasy-Literatur interessiert sind.
    b) Romantische Literatur / Fantasyliteratur ist reine
    Fluchtliteratur, um den sorgenvollen Alltag zu ver-
    gessen.

10. Lektüretipps / Hörbuch- und Hörspielempfehlungen

Textausgabe

Eichendorff, Joseph von: Das Marmorbild. Novelle. Stuttgart: Reclam, 2008. (Universal-Bibliothek. 18539.) – *Die Zitate in diesem Lektüreschlüssel beziehen sich auf diese Ausgabe.*

Werkausgabe

Eichendorff, Joseph von: Das Marmorbild. Eine Novelle. In: Sämtliche Werke des Freiherrn Joseph von Eichendorff. Historisch-kritische Ausgabe. Bd. V/1. Erzählungen. Erster Teil. Hrsg. von Karl Konrad Pohlheim. Tübingen: Niemeyer, 1998. S. 29–82.

Biografien und Gesamtdarstellungen

Bernsmeier, Helmut: Literaturwissen für Schule und Studium: Joseph von Eichendorff. Stuttgart 2000. (Reclams Universal-Bibliothek. 15221.) – *Kompaktes Wissen zu Leben und wichtigsten Werken des Dichters.*

Gebhardt, Armin: Eichendorff. Der letzte Romantiker. Marburg 2003. – *Ausführlicher Lebenslauf und genaue Inhaltswiedergaben der meisten Werke Eichendorffs.*

Korte, Hermann: Joseph von Eichendorff. Reinbek bei

Hamburg 2000. (rowohlts monographien. 50568.) – *Ein Lebensporträt mit zahlreichen Abbildungen.*

Stein, Volkmar: Joseph von Eichendorff. Ein Lebensbild. Mit Illustrationen von M. Schlesiona und ausgewählten Gedichten J. v. Eichendorff. Würzburg 2001. – *Eine sehr einfühlsame Lebensbeschreibung mit schönen Graphiken. Eine Veröffentlichung der Stiftung Kulturwerk Schlesien in deutscher und polnischer Sprache.*

Literatur zum *Marmorbild*

Freund, Winfried: Venerischer Spuk – Joseph von Eichendorff: »Das Marmorbild« (1819). In: Ders.: Literarische Phantastik. Die phantastische Novelle von Tieck bis Storm. Stuttgart [u. a.] 1990. (Sprache und Literatur. 129.) S. 99–110. – *Die Interpretation der Novelle vollzieht sich in chronologischer Abfolge der Erzählabschnitte.*

Pikulik, Lothar: [Kommentar zu] Das Marmorbild. In: Ders. (Hrsg.): Eichendorffs Nachtstücke. Die Erzählungen. Das Marmorbild. Eine Meerfahrt. Das Schloß Dürande. Furth im Wald 2002. S. 216–228. – *Kompakte Kommentierung der wichtigsten Inhaltsaspekte.*

Regener, Ursula: Erläuterungen und Dokumente: Joseph von Eichendorff: *Das Marmorbild.* Stuttgart 2004. (Reclams Universal-Bibliothek. 16047.) – *Die umfangreichen Erläuterungen enthalten auch eine Menge an neueren Deutungsansätzen.*

Zur Mythologie in Eichendorffs Novelle

Wiethölter, Waltraud: Die Schule der Venus. Ein diskurs-
analytischer Versuch zu Eichendorffs *Marmorbild.* In: M.
Kessler / H. Koopmann (Hrsg.): Eichendorffs Aktualität.
Akten des Internationalen Interdisziplinären Eichen-
dorff-Symposiums. (6.–8. Oktober 1988, Akademie der
Diözese Rottenburg-Stuttgart.) Tübingen 1989. (Stauf-
fenburg-Colloquium. 9.) S. 171–201. – *Schwieriger Auf-
satz, der das Doppelbild Venus-Bianka untersucht. Der
interessante Anhang mit Bildreproduktionen (Venusmo-
tiv-Komplex) kann für ein fächerübergreifendes Referat
Deutsch-Kunst genutzt werden.*
Woesler, Winfried: Eichendorff und die antike Mythologie.
In: Eichendorffs Aktualität [siehe vorherigen Titel].
S. 203–221. – *Informiert knapp über Darstellung und
Funktion der mythologischen Figuren, die Eichendorff in
seinen Werken einsetzt.*

Hörbücher und Hörspiele

Joseph von Eichendorff: Das Marmorbild. Hörspielfas-
sung und Regie: Gert Westphal. Cottas Hörbühne.
Stuttgart: Klett 1987. (1 Hörkassette). – *Die Aufnahme
basiert auf einer gelungenen Produktion des SWF Ba-
den-Baden aus dem Jahre 1954 (Laufzeit: ca. 61 Minuten) unter der Regie des Rezitators Gert Westphal. Das
textnahe Hörspiel mit der Erzählerstimme von Jürgen
Goslar bedient sich einer brillanten Überblendungs-
technik: Der Erzählertext geht in den Figurentext über.
Vortreffliche musikalische Untermalung durch die Mu-*

sik des Orchesters des Südwestfunks. Unbedingt zu emp-
fehlen!

Ingo Hülsmann liest: Joseph von Eichendorff. Das Marmorbild. Regie: Christoph Dietrich. Berlin: Argon-Ver-
lag 2006 (Argon Hörbuch). (2 CDs; Gesamtlaufzeit: 91
Minuten). – *Hülsmann gelingt es, die Melodik der Erzähl-*
weise durch adäquate Intonation und Betonung sowie
reizvolle Pausengestaltung hörbar zu machen.

Joseph von Eichendorff: Das Marmorbild. Sprecher: Ernst
Marcus Thomas. Hörarchiv-Verlag (Andante Media):
Berg 2007. – *Lebendige Lesung mit vortrefflicher Adjek-*
tivbetonung des Sprechers. Gelungen!

Anmerkungen

1 Ursula Regener, *Erläuterungen und Dokumente, Joseph von Eichendorff, »Das Marmorbild«*, Stuttgart 2004 (Reclams Universal-Bibliothek, 16047), S. 55.
2 Gerhard Schulz, *Die deutsche Literatur zwischen Französischer
Revolution und Restauration. Zweiter Teil. Das Zeitalter der
Napoleonischen Kriege und der Restauration. 1806–1830*, München 1989 (Geschichte der deutschen Literatur von den Anfängen bis zur Gegenwart, Bd. 7), S. 493.
3 *Erläuterungen und Dokumente* (siehe Anm. 1), S. 56.
4 Sibylle von Steinsdorff, [Kommentar zum *Marmorbild*], in: A.
Meier [u. a.] (Hrsg.): *Meistererzählungen der deutschen Romantik*, 2., überarb. Aufl. München 1998, S. 421–435; Zitat S. 425.
5 Vgl. Artikel *Rose*, in: J. Seibert, *Lexikon christlicher Kunst. Themen, Gestalten, Symbole*, Freiburg [u. a.] 1980, S. 267.
6 Winfried Woesler, *Eichendorff und die antike Mythologie*, in:
M. Kessler / H. Koopmann (Hrsg.), *Eichendorffs Aktualität.
Akten des Internationalen Interdisziplinären Eichendorff-Symposiums. (6.–8. Oktober 1988, Akademie der Diözese Rottenburg-Stuttgart.)* Tübingen 1989 (Stauffenburg-Colloquium, Bd.
9), S. 203–221; Zitat S. 216.
7 W. Frühwald, *Eichendorff-Chronik. Daten zu Leben und Werk*,
München/Wien 1977, S. 51.
8 Heinrich Heine, *Elementargeister*, in: Ders., *Historisch-kritische
Gesamtausgabe der Werke*, hrsg. von M. Windfuhr, Bd. 9, *Elementargeister. Die Göttin Diana* [u. a.], bearb. v. A. Neuhaus-
Koch, Hamburg 1987, S. 9–64; Zitat S. 47 f.
9 Ebd., Bd. 5, *Almansor. William Ratcliff* [u. a.], bearb. v. M.
Windfuhr, Hamburg 1994, S. 203 f.
10 Ebd., S. 204.
11 Elisabeth Frenzel, *Stoffe der Weltliteratur. Ein Lexikon dichtungsgeschichtlicher Längsschnitte*, 10., überarb. u. erw. Aufl.,
Stuttgart 2005, S. 893.
12 *Erläuterungen und Dokumente* (siehe Anm. 1), S. 79.
13 Ebd., S. 80.
14 Ebd.
15 Ebd.

16 Ebd., S. 81.
17 Ebd., S. 90.
18 Ebd., S. 83.
19 Ebd., S. 84.
20 Ebd., S. 85.
21 Ebd., S. 86.
22 Ebd., S. 93.
23 Ebd., S. 96.

Raum für Notizen